Regine Schneider
An ihrer Seite

Zu diesem Buch

Das klassische Erfolgsmodell hat ausgedient: ihm den Rücken frei zu halten, damit er Karriere machen kann, und sich selbst mit dem Damenprogramm zu begnügen. Mittlerweile macht auch sie Karriere. Aber wie kommt der Mann damit zurecht, wenn sie erfolgreicher ist als er und sogar im Rampenlicht steht, während ihn keiner kennt? In einer Zeit, in der mehr Frauen als Männer Abitur machen, Frauen in Führungspositionen streben und wir die erste Bundeskanzlerin haben, ist von Männern ein Umdenken gefordert. Wer sind die Männer, die in ihren Beziehungen eine starke Frau bevorzugen? Wie funktioniert das Wechselspiel von Geben und Nehmen, wenn die Frau im Blickpunkt der Öffentlichkeit steht? Was sich im Leben verändert, wo die eigene Rolle gefällt und wo sie zum Problem wird, davon erzählen Professor Udo Simonis, Michael Verhoeven (Senta Berger), Kai Roeffen (Frauke Ludowig), Jens Schniedenharn (Suzanne von Borsody) und viele andere mehr.

Regine Schneider, geboren 1952, war lange als Redakteurin bei Tageszeitungen und Frauenzeitschriften tätig. Seit der Geburt ihrer Tochter lebt sie als freie Autorin und Journalistin in Hamburg. Zahlreiche Veröffentlichungen, zuletzt »Fünfundfünfzig plus« und »An ihrer Seite«.

Regine Schneider

An ihrer Seite

Männer prominenter Frauen erzählen

Mit 17 Fotos

Piper München Zürich

Mehr über unsere Autoren und Bücher:
www.piper.de

Von Regine Schneider liegen bei Piper im Taschenbuch vor:
Fünfundfünfzig plus
An ihrer Seite

Mix
Produktgruppe aus vorbildlich bewirtschafteten
Wäldern und anderen kontrollierten Herkünften
www.fsc.org Zert.-Nr. GFA-COC-1223
© 1996 Forest Stewardship Council

Ungekürzte Taschenbuchausgabe
Piper Verlag GmbH, München
Mai 2008
© 2006 Eichborn AG, Frankfurt am Main
Umschlag: Büro Hamburg. Anja Grimm, Stefanie Levers
Bildredaktion: Büro Hamburg. Alke Bücking, Charlotte Wippermann
Umschlagfotos: dpa Picture – Alliance GmbH (Senta Berger / Michael Verhoeven)
und Michael Dannenmann / photoselection (Frauke Ludowig / Kai Roeffen)
Autorenfoto: Klaus Rohrbach
Satz: Fuldaer Verlagsanstalt, Fulda
Papier: Munken Print von Arctic Paper Munkedals AB, Schweden
Druck und Bindung: CPI – Clausen & Bosse, Leck
Printed in Germany   ISBN 978-3-492-25036-8

Inhalt

»Männer müssen auch lernen,
wenn Frauen sich entschließen,
einen starken Gegenpart zu bilden« 55
Andreas Goosses, Psychologe bei pro familia Berlin

»Ich fordere Bewusstsein, Wahrnehmung und
Einmischung bei einer Frau regelrecht ein.
Wenn eine Frau diese Eigenschaften nicht hätte,
wäre ich nach drei Wochen weg« 71
Dr. Michael Verhoeven, Ehemann der Schauspielerin Senta Berger

»Ich gehöre nicht zu den Männern, die ihr
Selbstwertgefühl aus einem Gefälle gegenüber
der Partnerin beziehen müssen« 83
Hannes Rieckhoff, Ehemann der Schauspielerin Thekla Carola Wied

»Ich bin ein lebensbegeisterter Mann
und suche in einer Partnerin das Äquivalent« 95
Mario Ohoven, Ehemann der Charity-Lady Ute Ohoven

»Mit einer starken Frau an meiner Seite
muss ich mir über viele Dinge keine Gedanken machen« 103
Pierre Franckh, Ehemann der Schauspielerin Michaela Merten

»Ich wollte keine Frau, mit der ich abends fernsehe« 113
Dr. Christian Saalfrank, Ehemann der ›RTL Super Nanny‹
Katharina Saalfrank

»Meredith ist die erfolgreichste Reiterin, die es je gab.
Sie hat alle Rekorde gebrochen
und das finde ich großartig« 125
Markus Beerbaum, Mann der Springreiterin Meredith Beerbaum

»Wenn jemand evangelischer Papst werden würde,
dann meine Frau. Sie hätte das Zeug dazu,
und das wusste ich schon, als ich sie das erste Mal sah«
Pfarrer Eckhard Käßmann, Ehemann der Landesbischöfin Margot
Käßmann

»Was ich sehr an ihr schätze, ist,
dass sie ein echter Kumpel sein kann«
Botho von La Chevallerie, Lebensgefährte
der Schriftstellerin Gaby Hauptmann

»Wenn eine Beziehung auseinander geht, weil die Frau
beruflich genauso erfolgreich ist wie ihr Mann,
muss ich davon ausgehen, dass da zwei Karrieren
geheiratet haben und nicht zwei Menschen«
Olaf Meyer, Ehemann von Singa Meyer-Gätgens,
Moderatorin beim ›Kinderkanal‹

»Ich liebe Zicken!«
Markus Lanz, Ehemann der Moderatorin Birgit Schrowange

»Seit 20 Jahren gibt es mehr Abiturientinnen als Abiturienten,
es studieren mehr Frauen als Männer und Frauen
sind in Topjobs vertreten. Männer, die halbwegs bei Verstand
sind, merken natürlich, dass das auch gut für sie ist«
Wilhelm Johnen, Ehemann der Bestsellerautorin Ute Ehrhardt

»Ich mag es, wenn meine Frau zu mir aufschaut.
Aber ich schaue auch zu ihr auf.
Wir schauen beide zueinander auf«
Prof. Peter Eigen, Ehemann von Prof. Gesine Schwan,
Universitäts-Präsidentin

Vorwort

Als Sabine Christiansen sich wieder einmal trennte, titelte eine große Tageszeitung: »Mit ihr hält es keiner aus.« Der Tenor war: Zu erfolgreich, zu bekannt, zu gut, als dass ein Mann neben ihr bestehen könnte. Einmal mehr wurde das Klischee bedient, Karrierefrauen sind für Männer nicht attraktiv.

Frauen dagegen, die an der Seite berühmter Männer die Nebenrolle spielen, gehören immer noch selbstverständlich zum alltäglichen gesellschaftlichen Bild. Hinter jedem erfolgreichen Mann steht eine kluge Frau, sagt man. Damit ist gemeint, sie hält ihm den Rücken frei, sorgt dafür, dass er seine Zeit verplanen kann, wie es seine Karriere erfordert. Wenn er heimkommt, hat sie ihm ein gemütliches Nest bereitet, damit er auftanken kann. Die Kinder hält sie weitgehend von ihm fern, zumindest, was die lästigen Pflichten angeht. Und natürlich begleitet und schmückt sie ihn bei öffentlichen Auftritten, wie Eva Köhler, die Frau des Bundespräsidenten Horst Köhler, oder Karin Stoiber, die Frau des bayerischen Ministerpräsidenten Edmund Stoiber. Auch Thea Gottschalk, Frau von Thomas Gottschalk, Thea Sieler, Frau von Günter Jauch, oder Viktoria Lauterbach, Heiner Lauterbachs Gattin, sind für die Öffentlichkeit »hübsche Beigaben«.

Männer sind mit dieser Aufteilung vertraut, sie ist für Haushalt und Kinder zuständig, er für den Lebensunterhalt.

Was aber ist, wenn sie sagt, auch ich will Beruf, Erfolg und Karriere? Ich habe eine gute Ausbildung, habe Abitur und einen Studienabschluss, ich will meine Begabungen und Fähigkeiten auf keinen

Fall brachliegen lassen. Außerdem ist es mir ein Bedürfnis, mich beruflich selbst zu verwirklichen.

In einer Zeit, wo mehr Frauen als Männer Abitur und oft bessere Studienabschlüsse vorweisen können, wo Betriebe von Frauen geleitet werden, Frauen Führungspositionen bekleiden und wir sogar die erste Bundeskanzlerin haben, ist von Männern ein Umdenken gefordert.

Es gibt sie auch mehr und mehr, starke Männer, die eine ebenso starke Frau an ihrer Seite haben. Paare wie zum Beispiel der Verleger Hubert Burda und die erfolgreiche Tatortkommissarin Maria Furtwängler. Er: »Maria würde nicht in meinem Schatten stehen wollen.« Oder der Unternehmer Hans Rudolf Wöhrl und seine Frau, die Politikerin Dagmar Wöhrl. Er: »Um Rat fragt sie nie, sie weiß schon alles.« Und die Fernsehmoderatorin Nina Ruge und der Manager Wolfgang Reitzle, Vorstandschef der Linde-AG. Sie: »Ich fliege meinem Mann hinterher.« Immer mehr Frauen versuchen, ihr Privatleben und eine eigene Karriere unter einen Hut zu bringen. Und nicht wenige schaffen sogar den Spagat zwischen Partnerschaft, Karriere und Kind(ern), wie die beiden Fernsehmoderatorinnen Frauke Ludowig und Birgit Schrowange – und auch die Schauspielerin Maria Furtwängler, die allerdings in den Jahren, als die Kinder klein waren, kürzer getreten ist.

Es sind aber nicht nur die jungen Männer, die eine erfolgreiche Frau als selbstverständlich ansehen, wie die Interviews mit Dr. Michael Verhoeven, Prof. Udo Simonis, Gerhard Tötschinger und Prof. Peter Eigen beweisen, die allesamt unverblümt zugeben, dass sie stolz auf ihre überaus erfolgreiche Frau sind. Und in Kauf nehmen, dass sie sich bisweilen morgens am Telefon einen guten Tag wünschen und abends eine gute Nacht, weil sie sich manchmal Tage oder gar Wochen nicht sehen.

Was andere als Nachteil betrachten würden, empfinden viele dieser Paare als Vorteil: »Unsere Ehe hält seit 20 Jahren, weil wir uns so selten sehen«, weiß mancher Mann zu berichten. Der fehlende Alltag mache das Leben spannender. Man schätze die gemeinsame knappe Zeit mehr.

Doch was ist anders in Beziehungen, wo auf Augenhöhe kommuniziert wird? Bei der traditionellen Rollenverteilung ist klar: Er sagt, wo es langgeht. In Beziehungen mit Doppelkarrieren hat jeder gleiche Rechte, was zur Folge hat, dass Fragen immer wieder neu verhandelt werden müssen. »Mixed Leadership« nennen Soziologen das Modell.

Der Mann muss dabei auf frühere Privilegien verzichten und einiges an seine Frau abtreten. Das schafft natürlich nicht jeder.

Welche Eigenschaften moderne Männer mit einer Karrierefrau brauchen, benennt der Berliner Psychologe Andreas Goosses: »Zumindest zeugt deren Einstellung zur Rolle ihrer Frau von einem gewissen Selbstbewusstsein, das dafür spricht, dass eine Karriere der Frau überhaupt möglich ist. Wenn alte Rollenmuster wie ›der Mann muss besser sein‹, ›Sie muss zu ihm aufblicken können‹ und dergleichen in der Beziehung höher stehen, dann steht solch eine Beziehung natürlich auf unsicherem Grund. Wenn jemand jedoch anders damit umgehen kann, ist das eine gute Voraussetzung.« Und: »Da geht es für den Mann darum, das Selbstbewusstsein für die Frage zu entwickeln: Was macht mich eigentlich aus? Was macht mich als Person aus, was sind meine Stärken? Oder fühle ich mich so defizitär, dass ich ohnehin wenig Selbstbewusstsein habe? Dann kann ich es auch schwer ertragen, wenn meine Partnerin beruflich erfolgreich oder gar erfolgreicher ist als ich.«

Was auf Dauer gar nicht funktioniert, ist der Rollentausch; er macht den Hausmann und sie sorgt für den Unterhalt. Die Männer, die der Kinder wegen zu Hause bleiben, wie der frühere Schauspieler und heutige Buchautor und Paarspezialist Pierre Franckh oder der Ehemann der Hannoverschen Landesbischöfin Margit Käßmann, schreiben in dieser Zeit zumindest ein Buch oder machen eine Zusatzausbildung. Das Modell, dass er in die traditionelle Rolle der Frau schlüpft, ist schon vor Jahren gescheitert. Damit eine Beziehung glücklich ist, brauchen beide Partner ein gesundes Selbstwertgefühl und eine Identität, die sich durch Erfolg außerhalb der Partnerschaft nährt.

Jedes Paar muss für sich individuell aushandeln, nach welchem Modell und nach welchen Werten es seine Beziehung gestalten will.

Ein Umdenken erfordert Flexibilität und Loslassen vom Mann und von der Frau. Aber vielleicht mehr noch vom Mann. Deshalb kommen in diesem Buch ausschließlich Männer zu Wort, die mit einer erfolgreichen, prominenten Partnerin kein Problem haben, die ihrer Frau den Erfolg gönnen, ohne sich deshalb als minderwertig zu empfinden, sondern sogar, wie Markus Lanz es formulierte, in ihrer Frau ein Vorbild für die Kinder sehen, wenn diese ihrem eigenen beruflichen Erfolg nachgeht.

»Meine Frau hat eine klassische Karriere hingelegt und hart dafür gearbeitet. Das alles soll sie aufgeben, weil sie zwei Kinder hat? Abwegig!«

Foto: © privat

Kai Roeffen (45), Ehemann von Frauke Ludowig,
der Redaktionsleiterin und Moderatorin von ›RTL Exclusiv‹

Frauke Ludowig ist so lange im Geschäft, dass sie mittlerweile wohl jeder kennt. Auf ihren Mann Kai Roeffen bin ich durch ein Interview in der »Bunten« aufmerksam geworden. Dort hat er sich recht offen über seine Rolle an ihrer Seite ausgelassen, wenn es um einen Auftritt auf dem roten Teppich geht. Wie ihr »Anhängsel«, ihr »Walker« fühlte er sich behandelt. Wobei es ihm weniger darum ging, dass seine Frau der Star war, sondern mehr um die rüde und respektlose Art, wie er dort bisweilen von ihrer Seite gedrängt wurde.

Bei unserem Interview in der Agentur in Düsseldorf, wo er Executive Creative Director und Managing Director ist, treffe ich einen unkomplizierten bodenständigen Mann, der kein Verständnis dafür hat, dass die Gesellschaft Anstoß nimmt an der Tatsache, dass beide ihre eigene Karriere verfolgen und trotzdem eine Familie mit zwei Kindern sind. Ein Partnerschaftsmodell, das jedoch immer häufiger praktiziert wird.

Ich liebe Frauke, weil sie Frauke ist. Sie ist ein völlig normaler Mensch, überhaupt nicht abgehoben. Sehr liebenswürdig. Sie ist auch gegenüber Dritten einer der liebenswürdigsten Menschen, die ich kenne. In keiner Weise Diva. Wenn sie zu Hause den Star herauskehren würde, müsste ich ja eine kleine Wurst sein, die sie anhimmelt. Dann würde ich mich über den Status meiner Frau definieren. Das ist aber nicht so.

Ich muss mich nicht mit einer Frau schmücken, die in der Öffentlichkeit Beachtung findet. Das wurde mir allerdings manchmal unterstellt.

Meine Frau habe ich auf der Party eines gemeinsamen Freundes kennen gelernt und ich wusste überhaupt nicht, wer sie ist. Wir haben gleich recht intensiv miteinander gesprochen. Klar, irgendwann bekam ich mit, sie ist jemand aus dem Fernsehen, aber was sie genau machte, wusste ich nicht.

Ich bin durch meinen Beruf als Executive Creative Director und Managing Director einer Werbeagentur mit den Medien vertraut und insofern fand ich es spannend, jemanden aus dieser Ecke der Branche kennen zu lernen. Es wurde mir dann natürlich gesagt, dass Frauke ziemlich prominent ist. Ich fand, dass Frauke eine bemerkenswerte Frau ist, wusste allerdings gar nicht, was auf mich zukommen würde. Doch zunächst haben wir uns für ein halbes Jahr wieder aus den Augen verloren. Ich lebte in Berlin, sie in Köln.

In Hamburg hat der Zufall uns wieder über den Weg laufen lassen. Ich bin sofort auf sie zugegangen und habe ihr gesagt: »Ach übrigens, ich bin wieder Single.« Das war ich nämlich bei unserem ersten Treffen nicht. Sie besuchte mich daraufhin in Berlin und langsam ist aus unserer Beziehung eine Liebe geworden.

Zunächst hatten wir eine Fernbeziehung, aber es war bald klar, dass wir auch zusammen leben wollten. Ich bekam ein berufliches Angebot in Düsseldorf und bin dann nach Köln gezogen. Allerdings wäre ich nicht um jeden Preis gekommen. Wichtig war für mich, dass das Angebot stimmte.

Inzwischen sind wir eine Familie mit zwei süßen kleinen Mädchen.

Frauke hat nach jeder Geburt nach vier Monaten wieder gearbeitet. Dass sie für die Kinder beruflich kürzer tritt oder gar eine lange Babypause einlegt, war nie ein Thema zwischen uns. Wir wären beide nicht auf die Idee gekommen, das als Möglichkeit in den Raum zu stellen.

Es war bei uns immer selbstverständlich, dass es zwei Karrieren gibt: Fraukes und meine. Und es gibt die Kinder. Ihre Betreuung muss organisiert werden, so dass am Ende genügend Zeit für uns vier übrig bleibt. Das Leben hat sich durch die Kinder natürlich fundamental verändert. Wenn Kinder in einer Partnerschaft hinzukommen, wird alles hundertprozentig anders. Es kostet einerseits Zeit, andererseits bringt es großen Gewinn.

Genauso wie Frauke habe auch ich neben Kindern, Familie und Beruf wenig Zeit für mich. Wenngleich Frauke im jetzigen Alter der

Kinder – fünf Monate und zwei Jahre – viel mehr gefordert ist als ich. Es bleibt schon dadurch mehr an Frauke hängen, weil ich allein drei Stunden Fahrzeit täglich zwischen Köln und Düsseldorf in Kauf nehmen muss.

Ich bin zudem beruflich viel im Ausland und es lässt sich relativ schwer organisieren, zu sagen, ich bin jeden Abend gegen sieben Uhr zu Hause. Es wird mal acht Uhr, mal zehn Uhr. Meine Frau kann sich also wenig auf feste Zeiten verlassen.

Das bedeutet, Frauke ist voll in ihrem Beruf eingebunden und ist auch häufig noch für die Kinder zuständig. Wir haben zwar eine Tagesmutter, aber wenn meine Frau nach der Redaktionsarbeit nach Hause kommt, ist sofort Kinderalarm. Sie kann nicht sagen, ich bin kaputt und schminke mich jetzt erst einmal in Ruhe ab, um mich dann in die warme Badewanne zu legen und zu erholen. Unsere beiden Mädchen nehmen sie sofort in Beschlag und beanspruchen ihre Mutter. Das meistert Frauke großartig.

Wir würden beide keine Sekunde daran denken zu sagen, das zweite Kind war jetzt vielleicht zu viel oder wir hätten gern mehr Zeit für uns. Wir lieben das Leben, das wir leben. Wir bekommen ja auch eine Menge zurück.

Wir hatten beide den Wunsch nach Kindern und Familie. Und wir wollten beide unsere Karriere behalten. Zum Glück hat Frauke relativ regelmäßige Arbeitszeiten. Sie geht um halb zehn Uhr in die Redaktion, hat um zehn Uhr ihre Redaktionskonferenz. Mittags findet sie Zeit, schnell nach Hause zu fahren.

Ich hätte niemals von ihr verlangt, dass sie wegen der Kinder zurücksteckt. Im Gegenteil, was ich an meiner Frau besonders schätze, ist ihre Zielstrebigkeit. Sie weiß, was sie will, und sie geht ihre Ziele mit viel Energie an. Sie zieht durch, was sie sich vorgenommen hat.

Anstrengend finde ich, dass man von außen ständig ein schlechtes Gewissen gemacht bekommt. Frauke muss sich bisweilen anhören, sie sei eine Rabenmutter. Wir seien beide karrieregeil, was mit zwei Kindern überhaupt nicht gehe. Das ist ein Druck, den ich unverschämt und überflüssig finde.

Meine Frau leidet Gott sei Dank nicht darunter, sie hat genug Selbstbewusstsein zu sagen: Ich gehe meinen Weg und lasse mir nicht reinreden. Aber dass andere Leute ihre eigenen Vorstellungen so auf uns projizieren, ist schon ernüchternd. Es kann sich doch niemand hinstellen und sagen, das muss so und nicht anders sein.

Es gibt viele unterschiedliche Lebensentwürfe, und im Ausland ist man zuweilen offener und toleranter, was die Mutter- bzw. Elternrolle angeht.

Diesen Muttermythos gibt es nur in Deutschland. Ich habe das in keinem anderen europäischen Land erlebt und auch nicht in Amerika. Wir denken, es geht ja nicht um Quantität, sondern um Qualität. Und unsere Beziehung ist so erfüllt von Nähe, Liebe, Quatsch machen, sich aneinander freuen und sich miteinander austauschen, dass es besser gar nicht geht.

Unsere Beziehung ist geprägt von Intensität und eben dadurch so intensiv, weil wir uns nicht ständig auf der Pelle hocken, weil jeder auch sein Ding macht. Das ist unser Glaubensbekenntnis. Wir tolerieren ja auch abweichende Vorstellungen anderer Paare. Für uns ist eben dies perfekt.

Das Lustige dabei ist, was wir in der Werbung über Frauenbilder wissen. Wir überprüfen alle zwei Jahre, stimmt unser Frauenbild noch? Was die Frauen heute selber wollen und das, was die Gesellschaft von ihnen erwartet, geht interessanterweise diametral auseinander.

Frauen wollen Selbstbestimmtheit. Sie wollen unterschiedliche Dinge miteinander vereinbaren können. Und zwar Beruf und Kind. Die Gesellschaft hat noch ein verklärtes Mutterbild. Ich frage mich: Warum will man Frauen gesellschaftlich derart reduzieren?

Meine Frau hat sich kontinuierlich hochgearbeitet. Sie hat vor zehn Jahren eine Lehre in der Redaktion angefangen, sie hat beim Radio gearbeitet, hat eine klassische Karriere, einen Weg von unten nach oben hingelegt. Sie hat hart dafür gearbeitet. Sie zeichnet sich aus durch die Qualität ihrer Arbeit. Und das alles soll sie aufgeben, weil sie zwei Kinder hat? Abwegig!

Meine Frau sieht sich im Übrigen selbst nicht als Star, und ich vergesse auch immer, dass sie einer ist. Wir merken das im Grunde nur auf dem sogenannten roten Teppich. Da passieren zwei Dinge. Zum einen frage ich mich dann: Was mache ich hier eigentlich? Denn ich habe mit dieser Glitzerwelt gar nichts zu tun. Eigentlich gehöre ich nicht dazu, aber irgendwie dann doch. Und wenn man als Mann an ihrer Seite dieses Spiel mitspielt, kommt: »Jetzt gehen Sie mal aus dem Bild.«

Ich verstehe einerseits das Geschäft der Journalisten und Fotografen. Andererseits zeigt es einem deutlich, wie dieses Geschäft funktioniert. Und wenn in entsprechend anmaßendem Ton kommt: »Geh mal weg da!«, merkt man, dass man in diesem System überhaupt keinen Wert darstellt. Dass man ein Störfaktor ist. Was man tut, was man denkt, dass man der Ehemann und Vater der Kinder ist, interessiert die nicht. Das ist schon merkwürdig. Man braucht ein extrem gutes Selbstbewusstsein, um da unbeschadet rauszugehen.

Die Frauen prominenter Männer sind selbstverständlich an seiner Seite. Die werden nicht weggescheucht. Die schmücken ihren Mann. Aber als Mann an ihrer Seite wird man reduziert. Ich bin ja bloß der Walker. Aber ich bin ihr Mann. Ich habe eine eigene Karriere. Ich bin eine eigene Persönlichkeit und ich gehöre zu meiner Frau, wenn wir gemeinsam ausgehen. Wir sind ein Paar, auch auf dem roten Teppich. Aber für die Journalisten sind wir dort kein Paar, sondern ich bin allenfalls ihr Anhang. Das würde allerdings sofort kippen, würde ich Drogen nehmen, Frauke betrügen oder beides. Dann käme ich wahrscheinlich auf die Titelblätter. So funktioniert diese Branche.

Die erste Erfahrung dieser Art machte ich in Berlin. Ich hatte mir überhaupt keine Gedanken über unseren Auftritt gemacht. Als

Kai Roeffen

wir aus dem Auto stiegen, waren da Tausende von Fotografen. Eine ganze Traube umringte uns und man kam kaum durch. Schon das war total fremd für mich. Mir wurde das auch sofort zu viel. Ich hatte keine Lust darauf. Ich habe Frauke schließlich am Arm weggezogen. Eine bizarre Situation.

Es geht mir dabei gar nicht so sehr darum, dass Frauke allein abgelichtet werden soll. Dafür habe ich Verständnis. Stinksauer bin ich eher über die Vorgehensweise. Wenn unverschämt und rüde gefordert wird, »jetzt entfernen Sie sich mal von Ihrer Frau«. Das finde ich ungebührlich. Da vermisse ich den Respekt. Ich möchte höflich und angemessen angesprochen werden. Das ist alles, und das finde ich nicht zu viel verlangt. Manchmal wird man einfach mit einer Überdosis von Respektlosigkeit konfrontiert.

Natürlich weiß ich, dass diese Menschen einfach nur ihren Job machen. Ich will diesen Berufsstand nicht diskreditieren, ich weiß auch, dass es ein harter Job ist. Aber es stellt sich doch die Frage: Worum geht es hier eigentlich? Es geht um Menschen in der Öffentlichkeit, die durch Bilder bedeutend gemacht werden.

Ich unterhalte mich auch mit meiner Frau darüber und finde, dass sie sehr nüchtern damit umgeht, sehr professionell. Wie gesagt, sie sieht sich nicht als Star.

Auf die Frage, wie man als Mann diesen Erfolg aushält, würde ich sagen: Man muss innerlich davon unabhängig sein. Man muss sich sagen können, es ist egal, ob meine Frau in der Zeitung steht, ob sie prominent ist.

Wichtig für mich ist gar nicht mal, dass ich selber eine ebenso hohe Position habe, sondern dass ich etwas habe, was mich ausfüllt und mit dem ich auch allein leben und glücklich sein kann. Es muss nicht die Riesenkarriere sein. Zufriedenheit mit dem, was man hat und tut, ist sehr wichtig. Dass man so viel Selbstbewusstsein aus seinem eigenen Tun zieht, dass man den Glanz des anderen nicht braucht. Mir persönlich ist wichtig, autark zu sein, erfolgreich und beruflich zufrieden. Sonst könnte ich es nicht aushalten.

Ich bin stolz auf meine Frau. Wenn sie nach Hause kommt und mir strahlend erzählt, »Ich hatte eine gute Quote«, freue ich mich für sie. Meine Frau leitet ja auch die Redaktion und sucht sich ihre Stars selber aus. Sie wählt die Themen aus, bestimmt, wie bringen wir das rüber, wie bereiten wir das auf, in welcher Reihenfolge gestalten wir die Sendung. Das ist ihr Job. Sie ist Redaktionsleiterin und Moderatorin.

Gott sei Dank geht Frauke nicht zu jeder Filmpremiere. Nur auf solche Veranstaltungen, die bedeutend und daher wichtig für sie sind. Da muss sie sich sehen lassen. Wir suchen die Events gezielt aus, sonst halten wir uns lieber aus dem öffentlichen Leben heraus.

Ich stehe voll und ganz zu meiner Frau und zu dem, was sie tut. Das Gegenteil, ein Heimchen am Herd, würde für mich gar nicht funktionieren. Das ist schlicht unmöglich. Jede Frau muss doch auch ihr eigenes Leben haben. Ich würde es unerträglich finden, wenn ich abends nach Hause käme und würde ausgefragt: Was hast du gemacht? Das geht gar nicht. Ich brauche jemanden, der selbst etwas zu erzählen hat. Weder würde funktionieren, dass ich mich über Frauke positioniere, noch, dass ich eine Frau hätte, die sich durch mich identifiziert. Für mich geht beides nicht. Unser Lebensentwurf ist sicher kein allgemeingültiger. Aber es ist unserer und wir fühlen uns wohl damit.

Meine Frau wird mal mehr, mal weniger auf der Straße angesprochen. Aber damit können wir leben. Sie ist nicht Madonna oder Robbie Williams. Es gibt keinen Starkult und das öffentliche Interesse ist durchaus auszuhalten.

Als unsere Kinder kamen, standen wir vor der Frage: Wie gehen wir damit um? Laden wir einmal die Presse ein, um dann Ruhe zu haben? Es gibt zwei Möglichkeiten, die wir mit Fraukes Pressesprecherin besprochen haben: Den Weg nach vorne, einmal Bilder und dann ist die Sache ausgestanden. Die Paparazzi sind zufrieden. Der zweite Weg wäre, die Kinder von vornherein gar nicht erst stattfinden zu lassen, was allerdings bei Fraukes Job unmöglich ist.

Wir haben den ersten Weg gewählt, haben uns einmal fotografieren lassen. Mit ist jetzt, wo die Mädchen älter sind, wichtig, dass man sie in Ruhe lässt. Dass sie unbehelligt in den Kindergarten und in die Schule gehen können. Man kann Fotos nicht komplett vermeiden.

Mit der Zeit bin ich allerdings viel gelassener geworden, was den Presserummel angeht. Da wird eine Scheinwelt transportiert. Diese Blitzlichtgewitter sind eher selten. Die Leute, die das verfolgen, glauben jedoch, die abgebildeten Menschen leben alle in so einer Glamourwelt. Was in unserem Fall nicht stimmt.

Mir fällt dann immer der Unterschied im Umgang damit zwischen Amerika und Deutschland auf. In Amerika freuen sich die Leute und sagen: Toll, die haben es geschafft. Man spendet Anerkennung.

In Deutschland gibt es Neid, Missgunst und diebische Freude, wenn jemand auf die Nase fliegt. In Amerika werden die Stars anders konsumiert. Da ist Hochachtung dabei. In Deutschland dagegen haben wir diese kleinliche Neidkultur bis hin zur Böswilligkeit. Das ist ein deutsches Phänomen.

Ich habe in Anfangszeiten mit Frauke erlebt, dass mir unterstellt wurde: Du bist doch nur mit der Frau zusammen, weil du geil auf Öffentlichkeit bist. Und das bekam ich von Leuten auf den Tisch geknallt, von denen ich es nie erwartet hätte. Damit umzugehen war eigentlich mein größtes Problem. Mit dieser Missgunst. Auch, dass Leute sagten, so was hält sowieso nicht lange. Da habe ich mich gefragt: Was seid ihr für Menschen?

In der Werbung, in der ich arbeite, ist man ja auch gewissermaßen mit der Glamourwelt konfrontiert, man ist schrill, extrovertiert. Da wurde mir unterstellt, so eine Beziehung kommt dir doch ganz gelegen in deinem Job. Man kann sich damit auseinander setzen oder versuchen, darüber zu stehen. Auf jeden Fall braucht man eine Menge Bodenhaftung, um damit klarzukommen. Ich glaube, dass ich ein bodenständiger Mensch bin. Sehr gerade, sehr ehrlich, sehr offen. Ich reibe mich nicht an Äußerlichkeiten auf, weil ich weiß, es gibt Dinge, die mehr wert sind.

Als ich Frauke kennen lernte, war ich 40 Jahre alt. Früher wollte ich weder Kinder noch heiraten. Erst mit Frauke hat sich das geändert. Da war uns beiden wie selbstverständlich klar, dass wir eine Familie wollen.

Dass ich bei Frauke das Gefühl hatte, die ist es, lag an ihrer Ausstrahlung, an ihrer Kraft, an ihrer Liebenswürdigkeit. Sie lebt ihr eigenes Leben, kann dabei unheimlich viel geben. Sie lässt mir meinen Freiraum, erdrückt mich nicht. Gerade jetzt, mit zwei Kindern, könnte sie mich viel mehr fordern oder einengen. Aber sie hat ein unheimlich gutes Gespür, was unsere Zweisamkeit angeht. Meine Zeit ist durch meinen Beruf begrenzter. Während Frauke feste Arbeitszeiten hat. Da tue ich mich mit den Kindern manchmal schwerer. Aber unsere freie Zeit verbringen wir voll und ganz mit den Kindern und leben unser Familienleben. Das ist uns unheimlich wichtig und wir gehen ganz darin auf.

»Wir freuen uns über die Erfolge des anderen und trösten uns bei Misserfolgen«

Jens Schniedenharn (38), Partner der Schauspielerin
Suzanne von Borsody

Jens Schniedenharn ist der Partner der Film-, Fernseh- und Theater-
schauspielerin Suzanne von Borsody, Tochter der Regisseurin und
Schauspielerin Rosemarie Fendel und des Schauspielers Hans von
Borsody. Unser Treffen verläuft etwas chaotisch. Jens Schniedenharn
ruft an und sagt: »Ich bin in Hamburg, wir können uns jetzt tref-
fen.« Ich rase mit dem Auto in die Hamburger City, weil ich ihn
möglichst nicht warten lassen möchte. Wie immer in solchen Situa-
tionen finde ich keinen freien Parkplatz und beschließe, für ein knap-
pes Stündchen etwas verkehrswidrig zu parken. Jens Schniedenharn
warnt noch: »Da würde ich nicht stehen bleiben«, doch ich wische
die Bedenken leichtfertig weg. Als wir nach einer Stunde aus dem
Alsterhaus kommen, ist mein Auto abgeschleppt. Ich verfluche die
Hamburger Polizei, bringe hektisch in Erfahrung, wo mein Auto
steht, und will mir ein Taxi rufen. Doch Jens Schniedenharn winkt
ab: »Ich fahre Sie noch schnell zu Ihrem Wagen«, meint er mitfüh-
lend. Auf dem Sammelparkplatz am Rothenburgsort lasse ich ge-
meinsam mit anderen »Abgeschleppten« meine Wut über die
»Geldschneiderei« und »Kleinlichkeit« der Stadt ab, bezahle 250
Euro und sitze nach zwei geschlagenen Stunden wieder in meinem
Auto. Immerhin hatte ich Jens Schniedenharn durch diese Situation
von einer Seite kennen gelernt, die ja nur zu Tage tritt, wenn man in
eine solche Situation kommt. Ausgesprochen hilfsbereit und unkom-
pliziert.

Eine Partnerin, die ein Heimchen am Herd abgegeben hätte, habe
ich nie gehabt. Meine Partnerinnen und ich waren immer auf Augenhöhe. Da war keiner allein der Treiber oder Bestimmer. Ich denke,
das ist auch Erziehungssache. Meine Mutter war keine typische
Hausfrau. Sie ist Künstlerin, eine erfolgreiche Malerin und eine tolle
Frau. Der ebenso tolle Mann an ihrer Seite, mein Vater, ist Kommis-
sar a.D. Meine Mutter war die Kreative, Irrationale und mein Vater
als Beamter der Rationale. Eine spannungsreiche Beziehung mit gro-

ßer harmonischer Tiefe bis heute. Die beiden sind seit fast 45 Jahren verheiratet, gehen liebevoll miteinander um, sind immer füreinander da. Ich hatte dadurch eine glückliche Kindheit. Mich hat das sehr geprägt, ich habe deshalb nie nach einer Partnerin gesucht, die die klassische Hausfrauen- und Mutterrolle ausgefüllt hätte.

Suzanne habe ich über meinen Beruf kennen gelernt. Ich bin Juwelier, gelernter Goldschmied. Wir haben häufiger prominenten Damen für besondere Anlässe Schmuck zur Verfügung gestellt. So haben wir uns getroffen. Das Lustige war, dass ich sie gar nicht kannte. Ich wusste nicht, dass sie eine bekannte Schauspielerin ist. Damals wurde sie bei einer besonderen Veranstaltung geehrt und von mir für ihren großen Auftritt passend »geschmückt«.

Zunächst hat keiner gedacht, dass der andere interessiert sein könnte, das hat sich erst später ergeben. Da war plötzlich die Bereitschaft auf beiden Seiten da, sich zu öffnen. Zwei Wochen nach unserem ersten Treffen erfuhr ich erst, dass ich einer prominenten Schauspielerin begegnet war ...

Wir haben uns nicht selbst geoutet, das hat die Boulevardpresse erledigt. Wenn es nicht herausgekommen wäre, wäre unsere Beziehung vielleicht heute noch anonym, wer weiß?

Wir sind jetzt sechs Jahre zusammen. Im ersten Jahr haben wir öffentliche Veranstaltungen nicht gemeinsam besucht. Wir hatten natürlich darüber gesprochen, wie wir mit der Öffentlichkeit umgehen wollen. Wir sind beide der Meinung, dass wir uns selber nicht so furchtbar wichtig nehmen dürfen. Wir müssen nicht jeden Tanz mitmachen, nicht jedem Fotografenwunsch nachkommen und auch nicht überall hingehen, wo eine Pommesbude eröffnet wird.

Suzanne hat den großen Vorteil, dass sie durch ihre Eltern, die ja beide sehr bekannte Schauspieler sind, den Umgang mit der Öffentlichkeit gewöhnt ist. Ich habe Fotos in alten Zeitschriften gesehen, da war Suzanne gerade mal drei Jahre alt. Dadurch hat sie eine gesunde Distanz zu diesen Dingen. Sie kennt die positiven wie negativen Seiten des Bekanntseins nur allzu gut. Positiv daran ist das, was der

Schauspieler braucht: Aufmerksamkeit und Anerkennung. Aufmerksamkeit braucht er aber mit Sicherheit nicht, wenn es ihm schlecht geht. Dann allerdings stürzt sich die Presse besonders gern auf ihn. Also sollte man sehr wohl wissen, wie weit man sich auf das Spiel mit den Medien einlässt. Negative Beispiele gibt es ja leider zuhauf.

Ein weiteres Phänomen ist, dass heute Leute von der Presse völlig unvorbereitet über Nacht zu Superstars hochgejubelt und ein halbes Jahr später von der gleichen Presse öffentlich geschlachtet werden. Ich glaube, man sollte mit privaten Dingen haushalten. Man muss nicht alles in die Öffentlichkeit tragen. Man darf nicht allzu viel erzählen. Was bleibt einem sonst noch?

Als Suzanne 2001 ihre zweite »Goldene Kamera« bekam, war das unser erster gemeinsamer Auftritt. Das war ganz amüsant, Suzanne hatte sich für einen Film die Haare rappelkurz schneiden lassen, sodass niemand sie erkannte und wir quasi inkognito über den roten Teppich laufen konnten. Erst als wir uns in die erste Reihe setzten, wurde eine Fotografin auf uns aufmerksam. Sofort bildete sich eine Blase von Fotografen um uns. Es galt schließlich, das erste gemeinsame Foto von uns zu knipsen.

Meine Erfahrung ist, ein paar Fotos in der Zeitung erleichtern nichts und erschweren auch nichts. Bei mir ist es nicht so, dass mich am nächsten Tag jeder erkennt, darüber bin ich sehr froh. Ich fände es einfach zu lästig und anstrengend, ständig von aller Welt beäugt zu werden. Suzanne hat eine Prominenz, die sich auf die Qualität ihrer Schauspielkunst bezieht und nicht von öffentlich ausgetragenen Schlammschlachten oder Werbeverträgen herrührt. Die Reaktionen der Leute auf der Straße zeigen die Hochachtung vor ihrer Leistung, viele sind dankbar dafür, was sie ihnen gibt. Wenn Suzanne beim Bummeln oder im Restaurant um ein Autogramm angehalten wird, ist der Kontakt immer freundlich und höflich. Es gab noch nie ein negatives Erlebnis. Ihre Fans fühlen sich von ihren Rollen, ihrer Schauspielkunst angesprochen, sie können sich mit ihr und ihren Rollen identifizieren. Und ich freue mich über die viele positive Resonanz. Es wäre doch schade, wenn es nicht so wäre. Ich kann deshalb gar nicht verstehen, warum ein Mann ein Problem damit haben könnte, eine bekannte und erfolgreiche Frau an seiner Seite zu haben. Was »Mann« natürlich braucht, ist ein eigenes Selbstwertgefühl. Und den Respekt der Partnerin vor der eigenen Leistung. Bei uns ist das so.

Erfreulicherweise bin auch ich beruflich recht erfolgreich, und wir freuen uns gegenseitig über unsere Erfolge und trösten uns bei Misserfolgen, die es selbstverständlich auch gibt.

Ich habe die Öffentlichkeit nie gesucht. Ich kann auch heute wunderbar ohne sie leben. Es gibt Anlässe, bei denen ich nicht dabei bin, weil ich keine Zeit oder Lust habe. Die absolviert Suzanne dann allein. Bei manchen Terminen hat Suzanne mich gern an ihrer Seite. Dann mache ich das natürlich auch. Aber ich lasse mich nicht unter allen Umständen fotografieren. Wozu auch, denn ich werde ja nicht meinetwegen abgelichtet. Wichtig ist, was es für eine Veranstaltung ist, zu der man geht. Wenn Freunde einladen oder es eine Charity-Party ist, lässt man sich auch zusammen fotografieren. Das machen wir dann gern.

Ansonsten habe ich kein Problem, wenn ich für ein Foto von Suzanne zur Seite gebeten werde. Zwar gibt es auch unhöfliche Fotografen, aber das ist deren Problem, nicht meins. Suzanne stört das. Wenn von ihr Fotos gemacht werden sollen und sie den Eindruck hat, ich werde dabei schlecht behandelt, dann verweigert sie sich. Aber so etwas passiert selten.

Ich würde mich als ausgeglichen und gelassen bezeichnen. Öffentlichkeit hat für mich nicht den Stellenwert, den es für manch anderen hat. Man steht morgens in der Zeitung und am nächsten Morgen wird eine »andere Sau durchs Dorf getrieben«. Suzanne geht mit dem Blitzlichtgewitter sehr professionell um. Es macht ihr auch nichts aus, wenn ein halbes Jahr nichts über sie in den bunten Blättern steht. Und wenn sie in Talkshows geht oder Interviews gibt, dann immer im Zusammenhang mit Filmen, die sie gedreht hat und die im Kino oder im Fernsehen laufen, oder für Hilfsprojekte, die sie unterstützt. Niemals, um Privates preiszugeben. Die »öffentliche Couch« meidet sie. Es geht um Promotion, nicht darum, mal wieder in der Presse aufzutauchen.

Ich glaube, dass sie das auch nicht nötig hat. Wir machen keine Homestories und lehnen selbst die verlockendsten Angebote für Fotos im Urlaub ab. Wenn du dir für Fotos eine Reise bezahlen lässt, machst du dich erpressbar und lässt Außenstehende an deinem Privatleben teilhaben. Ich verstehe beispielsweise überhaupt nicht, warum Musikerehepaare ihr Privatleben im Fernsehen ausbreiten. Da geht doch jede Magie flöten. Eine Person ist doch viel spannender und interessanter, wenn sie ihr Geheimnis hat.

Ich fühle mich der stillen, großen Masse zugehörig, die in ihrer Beziehung glücklich ist und das nicht thematisieren will, weil es eben so schön unspektakulär ist. Ich behaupte, die meisten Ehemänner sind treu und die meisten Ehefrauen sind es ebenfalls.

Männer, die fremd gehen, die reden auch darüber. Männer haben wohl immer noch das Problem, dass sie sich ihre Trophäen gern an die Wand nageln. Aber es gehen doch genauso viele Frauen wie Männer fremd. Komisch ist doch, dass um diese – behaupte ich mal – Minderheit der Fremdgeher so viel Wind gemacht wird.

Wir führen eine paritätische Partnerschaft, wir unterstützen uns gegenseitig. Suzanne fragt mich, ob sie Angebote oder Rollen annehmen soll, so wie ich ihr alles erzähle, was in meinem Job gerade läuft. Wir geben uns hilfreiche Tipps. Der Beruf nimmt bei uns beiden einen großen Stellenwert ein. Wir definieren uns beide sehr über den Beruf.

Ich baue gerade das MARRYING-Filialnetz auf, eine Ladenkette für Trauringe, was sehr gut funktioniert. Unsere Beziehung ist der ruhende Pol, zu dem wir beide immer wieder zurückkehren und auf den wir uns verlassen können. Ich freue mich stets, dahin zurückzukommen, mich fallen lassen zu können. Unsere Partnerschaft ist sehr innig. Man glaubt gar nicht, wie viel Zeit man miteinander ver-

Jens Schniedenharn

bringen kann, wenn man es wirklich will. Anfangs dachte ich, wir werden – da wir beide häufig unterwegs sind – wenig Zeit füreinander haben, oft getrennt sein. Aber dem ist nicht so. Wir schaffen es meist, uns gegenseitig zu begleiten – auch ins Ausland.

Ein Kind habe ich nicht und das muss auch nicht sein. Ich habe das Vaterwerden nicht forciert und auch nicht verhindert. Wenn eins gekommen wäre, wäre es in Ordnung gewesen. Wir beide fühlen uns ja selbst noch wie Kinder und wundern uns, dass wir keine Erziehungsberechtigten mehr haben.

Wir haben zwei Haushalte, einen in München und einen in Berlin, und wandern wie eine kleine Karawane immer hin und her. Das hat sich so eingespielt, weil wir gern zusammen sind. Eigenschaften, die uns in unserer Beziehung sehr wichtig sind, sind Humor, Zuverlässigkeit, gemeinsam Kraft schöpfen können – sich geistig auszutauschen und gegenseitig zu motivieren. Wir faulenzen auch gern, aber das können wir leider viel zu selten. Wenn Suzanne nicht dreht, nimmt sie Hörbücher auf oder beschäftigt sich mit anderen Projekten. Auch bei mir hat es beruflich stark zugenommen. Man steckt schon viel Zeit und Energie in den Job. Und da ist es einfach schön, wenn man zu Hause jemanden hat, auf den man sich freut.

Wenn wir wirklich mal faulenzen können, liegen wir nebeneinander und erzählen. Wir verreisen wahnsinnig gern. Wir lieben die Malediven, das Mekka der Faulenzer. Wir sind den ganzen Tag am oder im Wasser, haben endlich die Muße, die dicken Bücher zu lesen, die man schon immer lesen wollte. Das ist Langeweile in Reinkultur und das meine ich nicht ansatzweise negativ. Dafür muss man einen Partner haben, mit dem man sich richtig versteht, denn zusammen faulenzen, ohne sich zu nerven, das ist der Härtetest für Beziehungen. Gerade im Urlaub. Wir sind auch viel im Freundeskreis unterwegs. Wir haben unsere Freunde zusammengeworfen und sagen immer, das ist ein gemischter Zoo, da ist von allem was dabei. Das sind richtig gute Freunde, mit denen wir wahnsinnig gern zusammen sind. Wir müssen uns da nicht zurücknehmen.

In meinem Bekanntenkreis gab es allerdings ein paar wenige Leute, die ein Problem damit hatten, als Suzanne und ich zusammenkamen. Ich weiß nicht, welches, ich bemerkte nur, die wurden komisch. Dabei habe ich mich ja nicht fundamental verändert, seit ich Suzanne kenne. Sie ist ein total unkomplizierter, offener und entgegenkommender Mensch, der es anderen leicht macht, auf sie zuzugehen. Und so war sie in meinem Kreis genauso schnell integriert wie ich in ihrem.

Es ist auch völlig uninteressant, dass Suzanne bekannt ist. Ich würde zudem behaupten, wenn man mit einem Menschen nur zusammen ist, weil er prominent ist, hält man das nicht über all die Jahre aus. Der Teil des Lebens, der in der Öffentlichkeit stattfindet, ist so klein, er wäre es nicht wert, deshalb zusammen zu sein. Es ist eben nicht dieses eine Prozent Öffentlichkeit, sondern die restlichen 99 Prozent, die hinter der verschlossenen Tür stattfinden und die Lebensqualität ausmachen.

Suzanne ist eine sehr fürsorgliche Frau, die unheimlich gern kocht. Sie entspricht überhaupt keinem Klischee, sie hat eine große Zärtlichkeit und eine Wärme, die sie auch ausstrahlt. Sie ruht in sich.

Gut auch, dass ich kein Schauspieler bin, so fällt noch mal ein anderer Blick auf alles. Partnerschaften innerhalb der gleichen Berufsgruppe können sicher ganz schön nervig sein. Es gibt in jedem Leben Tage, die nicht so laufen, wie sie laufen sollten, und in unserer Partnerschaft wissen wir beide, ein Anruf genügt und es geht gleich wieder besser. Das ist, was es sein sollte – eine gute Partnerschaft und Liebe.

»Beim Damenprogramm war ich der Hahn im Korb«

Foto: © privat

Prof. Udo Simonis (69), Ehemann der ehemaligen Vorsitzenden der UNICEF Deutschland und früheren Ministerpräsidentin von Schleswig-Holstein, Heide Simonis

Dr. Dr. h.c. Udo E. Simonis, seit 1967 Ehemann der ehemaligen Ministerpräsidentin von Schleswig-Holstein, Heide Simonis, Prof. em. für Umweltpolitik am Wissenschaftszentrum Berlin, empfängt mich in der Kieler Stadtwohnung des Paares. Sie ist voll gestopft mit unzähligen schönen Dingen vom Trödelmarkt; es gibt ein Klavierzimmer, und im Wohnzimmer auf den Teppichboden liegt ein großer halb fertiger Quilt, an dem seine Frau arbeitet. Prof. Simonis, ein herzlicher und überaus freundlicher Mann, kocht Tee und serviert Kekse. Er hat einen ähnlich verschmitzten Humor wie seine Frau und ohne seine feine Ironie hätte er die Rolle an der Seite der Ministerpräsidentin vielleicht nicht so brillant mittragen können. Er selbst hat eine ebenso beachtliche Karriere hinter sich, und es gab Jahre, da hat das Paar eine Fernbeziehung geführt. Prof. Simonis strahlt eine große Wärme aus. Nach unserem Interview machen wir noch einen Spaziergang um den Ententeich im Park gegenüber der alten Villa, in der das Paar zur Miete wohnt, und ich bekomme die Entenrassen erklärt, die munter dort die Rasenflächen bevölkern.

Ein wesentlicher Unterschied zwischen Männern berühmter Frauen und Frauen berühmter Männer besteht darin, dass viele der Frauen ihren Beruf aufgeben und nur noch Hausfrau und Mutter sind. Das machen die Männer berühmter Frauen in aller Regel nicht. Es sei denn, man ist schon in Pension. Dann ist man natürlich für seine Frau da. Die meisten Männer sind allerdings so schlau, zu sagen, ich habe nur ein Leben, und das sollte richtig ausgelebt werden. Für die Männer ist der Beruf nun mal das Wesentliche. Das gilt auch für mich.

Bei uns war das auch nie ein Thema. Keiner hätte vom andern erwartet, zu Hause bleiben zu sollen. Diese klassische Rollenteilung habe ich auch nie angestrebt. Es hat andere Fragen gegeben als die: Wer macht den Haushalt? Beispielsweise, wo wohnt man, wenn beide aktiv sind?

In unseren Anfangsjahren – als Assistent an der Uni Kiel hatte ich meine Frau während ihres wirtschaftswissenschaftlichen Studiums kennen gelernt – wurde ich Berater des berühmten Präsidenten von Sambia, Kenneth Kaunda. Es war klar, meine Frau kommt mit nach Afrika. Wir waren kaum dort, da war sie schon aktiv.

Jahre später bekam ich ein Stipendium für Japan. Ich weiß noch, ich bekam gerade mal umgerechnet 270 DM im Monat. Da wir im Gästehaus der Universität von Tokio leben konnten, kam man damit zurecht, wenn man sparsam war. Aber meine Frau gab sogleich Deutschunterricht. Sie unterrichtete Angestellte der japanischen Bahngesellschaft und bekam dafür pro Stunde 50 DM. So brauchte sie nur sechs Stunden zu geben und schon hatte sie mehr, als mein Stipendium ausmachte. So ist sie.

Ich bin sehr stolz auf meine Frau, ganz klar. Sie war nach der Wahl von 1976 die jüngste Politikerin im Deutschen Bundestag. Das war das Eine. Sie war aber auch die Frechste. Wir beide erinnern uns natürlich an die Dresche, die sie von dem Zuchtmeister der SPD-Fraktion, Herbert Wehner, bezog. Ich bin auch ein bisschen stolz darauf, dass meine Frau den Scharping, den Schröder und den Lafontaine der Sandkastenspielerei bezichtigt hat. Den Scharping hat sie gar einen Autisten genannt. So kam er rüber. Sie hat immer tapfer durchgestanden, wenn sie so etwas gesagt hat. Egal, wie viel Prügel sie dafür bezog. Sie war stark im Austeilen und musste dann auch stark einstecken. Doch das hat sie ertragen. Sie hatte immer ein gesundes Selbstbewusstsein.

Über einen Kollegen der CSU, der eine Salve auf sie abgelassen hatte, hat sie mir erzählt, dass seine Frau diese verbalen Attacken überhaupt nicht unterstützt: »Wenn der mich angreift, kriegt der zu Hause ein Riesenproblem.«

Und so hatte ich das Gefühl, dass ich sie gar nicht so sehr stützen musste. Sie hatte eine gesunde Sichtweise auf die Dinge. Unser Privatleben haben wir immer sehr aus der Öffentlichkeit herausgehalten.

Bei öffentlichen Anlässen aber gab es unter anderem das Stichwort »Damenprogramm«. Es gab gewisse Pflichten, die zahlenmäßig zwar gering waren, die ich aber meist wahrgenommen habe. So gab es zum Beispiel jedes Jahr die Ministerpräsidentenkonferenz. Eine solche Konferenz ist meist auf zwei Tage angelegt und findet in einem der Bundesländer statt. Da sind die Ehepartner mit eingeladen. Das führte zu Situationen, wo ich der »Hahn im Korb« war.

Ich kann mich gut an eine solche Konferenz in Lübeck erinnern. Auf unserem Rundgang durch die Altstadt besuchten wir unter anderem ein Puppenmuseum. Auf einmal stellten wir fest, Frau Biedenkopf fehlt. Da macht man sich ja Sorgen und wir schickten jemanden los, sie zu suchen, und erfuhren, sie verhandele gerade um den Preis für eine Puppe. Sie hatte sich in eine dieser Puppen verknallt und wollte die unbedingt haben. Solche Situationen habe ich mit Humor gemeistert und mir meinen Teil dabei gedacht.

Die Frage, wo wohnt man, stellte sich zum ersten Mal 1976 beim Einzug meiner Frau in den Bundestag. Ich war schon an der Universität in Berlin, aber wir hatten eine Wohnung in Kiel. Sie war in den Parlamentssitzungswochen natürlich in Bonn. Also fing die Pendelei an. Ich hätte mir sagen können, jetzt gibst du das Hin- und Herfahren auf und suchst dir einen Job in Nordrhein-Westfalen. Aber in meinem Beruf als Universitätsprofessor ist das nicht so ohne weiteres möglich. Da muss man erst mal berufen werden. Berlin war und ist zudem die Universitätsstadt, die mir am besten gefällt. Ich war 1973 dorthin berufen worden.

Die Fahrt von Berlin nach Kiel war damals noch eher abenteuerlich, die Bahn nicht besonders verlässlich und mit dem Auto war es mühselig. Die Frage, die ich mir in dieser Zeit manches Mal stellte, war: Was können deine Kollegen an der Universität alles in der Zeit erledigen, die du auf der Bahn oder im Auto verbringst? Das waren in der Woche in der Regel zweimal sieben Stunden. Mittlerweile braucht man von Kiel nach Berlin nur noch drei Stunden.

Prof. Udo Simonis

Ich habe das Autofahren von und nach Kiel aufgegeben, weil man im Zug lesen und arbeiten kann. Ja, es waren also auch die Fragen des praktischen Lebens, die uns beschäftigten. Es ging nie darum, dass ich verlangt hätte, dass meine Frau kürzer tritt oder gar ihren Beruf aufgibt. Und so war uns das Wochenende heilig. Aber das ging zu Ende mit der Wahl meiner Frau zur Ministerpräsidentin 1993. Da blieb nur noch der Sonntag.

Dass wir uns nur am Wochenende oder später nur am Sonntag sehen konnten, habe ich selten problematisiert. Das war eben so. In dem Moment, wo Sie für den Bundestag kandidieren, ist schon entschieden, dass die Zeit knapper wird. Das ist eine logische Konsequenz.

Es gab natürlich auch Phasen, wo ich dachte, wir haben zu wenig Zeit für unsere Beziehung. In den ersten Jahren unserer Partnerschaft gingen wir wie viele Kieler bei schönem Wetter oft an den Ostseestrand. Gelegentlich fuhren wir auch gemeinsam mit dem Auto durch die Landschaft. Wir kannten Schleswig-Holstein ziemlich gut durch solche Fahrten.

Erinnerungen werden wach an die Reise nach Afrika. Oder an die lange Rückreise von Japan nach Deutschland, an die Fahrt mit dem Zug von Singapur nach Bangkok. Das sind so Sachen, an die man sich gern erinnert, und all das war nun nicht mehr möglich. Man könnte jetzt sagen, dass mir das eine Menge Toleranz abverlangt hat. Aber ich bin auch ehrlich genug zu erkennen, welche Vorteile es für mich hatte.

Ich bin, außer wenn ich in den USA oder China sein muss, eher ein häuslicher Typ. Ich kann sehr gut allein zu Hause sein. Ich brauche Ruhe zum Lesen und Schreiben.

Ich erlaube mir auch ab und zu, in unserer Wohnung zu arbeiten, statt ins Büro zu gehen, weil ich dann ungestörter bin. Das hat wiederum den Nachteil, dass sich im Büro das täglich zugesandte Material stapelt und man Berge abarbeiten muss, wenn man zurück ist.

Durch die häufige Abwesenheit meiner Frau konnte ich aber mein Leben und meine Arbeit nach meinen eigenen Bedürfnissen einteilen. Niemand stellte besondere Erwartungen an mich oder meine Anwesenheit. Ich fand es sogar manchmal schrecklich, wenn Heide unerwartet früh nach Hause kam. Ich, ganz in Gedanken, brütete an einem Satz, und plötzlich ging die Tür auf und sie stand im Türrahmen.

Ich habe deshalb nicht uneigennützig dafür gesorgt, dass sie rechtzeitig anruft, wenn sie auf dem Nachhauseweg ist. Je nachdem, wo sie sich gerade befindet, weiß ich, ich habe noch eine ruhige Stunde oder zwei. Und dann kann man natürlich alles tun, um den netten Eindruck zu erwecken, man habe die ganze Zeit nur auf ihre Rückkehr gewartet.

Die ständige Abwesenheit meiner Frau hat mich also nie sonderlich betroffen, weil ich ohnehin immer etwas zu tun habe. Und wenn sich auf diese Art ein Wochenende wieder mal anders darstellte als geplant, habe ich das eher als Geschenk genommen. Unseren alljährlichen Sommerurlaub in der Toskana allerdings, an dem haben wir immer festgehalten. Das ging aber immer nur in der Zeit der Schulferien. Jetzt können wir wieder selbst bestimmen, wann wir Urlaub machen.

Eine der Standardfragen unserer Beziehung war stets: Wie war denn deine Veranstaltung? Wie viele Leute waren da? Wenn die Zahl sehr niedrig war, stellten wir uns manchmal beide die Frage, hat es sich dafür gelohnt, einen gemeinsamen Abend zu opfern? Meine Frau ist keine, die sich je beschwert hätte. Dieser Beruf war ihr nie zu viel, sie hat ihn mit voller Intensität und vollem Engagement ausgeübt. Sie hat nie geklagt. Manchmal waren ihre Termine allerdings schlecht geplant, sodass keine Ruhepause zwischen Termin A und Termin B verblieb.

Wenn ich meine Frau zu öffentlichen Terminen begleitete, stürzten sich die Journalisten natürlich auf meine Frau. Das fand ich nicht so schlimm. Aber die Prominenz meiner Frau hatte Auswirkungen bis hinein in mein Privatleben. Man sitzt mit zehn Leuten, die man gut kennt, am Tisch, geht anschließend nach Hause und stellt fest, keiner von den Leuten hat dir zugehört oder eine Frage an dich gestellt. Alle hingen an den Lippen deiner Frau. Das habe ich sehr oft beobachtet und es hat mich gelegentlich gestört.

Die allgemeine Öffentlichkeit weiß ja nicht, was ich so mache. Da ist Nichtachtung Unwissenheit. Aber wenn man Leute über Jahre kennt und dann keiner fragt, was der Klimawandel gesellschaftlich bedeutet, dann habe ich öfter mal gedacht, wieder ein verlorener Abend. Es gibt ja Themen, zu denen ich aufgrund meiner Profession etwas zu sagen habe, wo ich mich bestens auskenne.

Ich habe beispielsweise einen Teil meines Lebens dem Thema ökologische Modernisierung der Industriegesellschaft gewidmet. Ich habe die Ökosteuer mit erfunden. Und dann sitzen wir mit Leuten zusammen, die über die Ökosteuer schwafeln und diese geniale Idee in einer Weise attackieren, wo du dir sagst, oh Gott, es war alles umsonst!

Wir haben eine fundamentale Änderung unseres Steuersystems vorgeschlagen: Besteuerung nicht der Arbeit, sondern Besteuerung des Einsatzes natürlicher Ressourcen, insbesondere nicht erneuerbarer Brennstoffe. Das war gut durchdacht, und zwar bereits im Jahr 1971. Jetzt haben wir das Jahr 2006 und die Mitbürger, deine Freunde, haben es immer noch nicht begriffen. Solche Nichtachtung ist eine besondere Art der Unhöflichkeit. Gelegentlich habe ich das auch zum Ausdruck gebracht. Meine Frau sagt dann, du musst sie nehmen, wie sie sind. Wenn sie nicht auf die Idee kommen, dich zu fragen, ist das ja nicht dein Problem, sondern deren Problem.

Von einer wissenschaftlichen Erkenntnis zur Realität ist es meist ein langer Weg. Das ist eher normal. Es kommt aber auch immer wieder vor, dass vergessen wird, was längst gedacht wurde. Das betrübt mich sehr. So mag ich den Begriff »Wissensgesellschaft« nicht mehr hören. Ich raste dann gelegentlich aus, weil ich weiß, dass die

Gesellschaft so vieles wieder vergessen hat, was es schon mal gab und was weiterhin wichtig ist.

Es ist allerdings nicht die Aufgabe von Wissenschaft, Politik zu machen. Es gibt die feine Trennung beider Disziplinen. Deshalb war das in meiner Ehe für mich auch eher leicht. Meine Frau ist die Politikerin, sie kriegt die Haue. Ich bin der Wissenschaftler und produziere Ideen. Ich glaube, meine Frau ist in die Politik gegangen, weil sie wusste, die Wissenschaft ist ihre Sache nicht. Ich bin nicht in die Politik gegangen, weil ich wusste, ich würde kläglich scheitern. Allzu viele Professoren sind in der Politik tatsächlich gescheitert.

Politiker müssen zu allem Möglichen etwas Verständliches und Nachvollziehbares sagen können. Diese Aufgabe stellt sich uns Wissenschaftlern nicht. Meine Frau und ich haben viele Themen natürlich gründlich diskutiert. Insofern haben wir uns gut ergänzt. Politisch gestritten haben wir nie. Eher darüber disputiert, wie man dieses und jenes sehen kann, beispielsweise in der Außenpolitik oder in der Umweltpolitik. Ich hatte aber nie das Bedürfnis, sie beeinflussen zu wollen. Ich hätte zum Beispiel ihr Ghostwriter werden können. Das wollte ich aber nicht. Natürlich ist es Teil meiner Aufgaben, Texte zu verbessern. Ich bin aber glücklicherweise nie gefragt worden, ob ich für meine Frau Texte schreiben oder bearbeiten will.

Ich bin sehr penibel, wenn es um Texte geht. Ich redigiere seit 15 Jahren ein Jahrbuch und mache das sehr gründlich. Manchmal kommt es vor, dass ein Interview mit meiner Frau von einer Zeitung oder Zeitschrift zu uns nach Hause gefaxt wird. Wenn sie nicht da ist, nehme ich den Text unter die Lupe. Sie hatte allerdings auch noch die Chefin der Staatskanzlei und ihren Regierungssprecher, und die hatten ihre jeweilige Vorstellung davon, wie ein Satz lauten muss, damit er verstanden wird. Da kam es dann schon mal vor, dass ein Drittel von meinen Korrekturen korrigiert wurde. Unter meiner Federführung hätte mancher Text also ein bisschen anders, ein biss-

Prof. Udo Simonis

chen besser ausgesehen. Was textliche Optimierung und was Einmischung ist, haben wir fein unterschieden. Sie hat mir nicht reingeredet und ich ihr nicht.

Wenn ich mich als Partner charakterisieren sollte, würde ich sagen, ich war wohlwollend kritisch im Sinne ihrer politischen Aktivitäten. Mehr als wohlwollend, tragend und fördernd war und bin ich in Bezug auf ihre sozialen Aktivitäten. Sie hat in Schleswig-Holstein viel mehr erreicht, als im Parlament zum Ausdruck kam. Das Engagement der Schleswig-Holsteiner für soziale Zwecke hat meine Frau durch ihre Art des Vorlebens ganz erheblich vorangebracht.

Dass hier mittlerweile gut gekocht wird, führe ich auch ganz wesentlich auf meine Frau zurück; dass beispielsweise das Salzwiesenlamm, das hier groß wird, nicht mehr nur in Paris auf den Markt kommt. Das Thema »zurück zu regionalen Märkten« hat sie sehr massiv angestoßen. Und dabei habe ich mitgeholfen.

Wenn die Fischbestände in der Ostsee überfischt wurden, dann habe ich gesagt, Heide, da musst du was tun. Einige ökologische Systeme sind nicht kompromissfähig. Entweder das System funktioniert, oder es kippt um. Und genau das ist in einigen Bereichen passiert.

Was das persönliche Outfit angeht, frage ich schon mal, muss denn dieses viele Schwarz immer sein? Dann sagt sie, ja, muss es! Ich musste lernen, ihre Vorliebe für Schwarz zu tolerieren. Die geht zurück auf ihre frühe Protestphase gegen die verkorkste Gesellschaft der 60er Jahre. Das kam aus Paris, die entscheidenden Frauen trugen alle nur schwarz. Das hat bei Heide dazu geführt, dass der Schrank bis heute voll mit schwarzen Sachen ist.

Als meine Frau nach der letzten Landtagswahl von einem Parteifreund verraten wurde, war das natürlich dramatisch. Darüber haben wir viel geredet. Man musste ihr zunächst klar machen, dass es nicht die gesamte Partei war. Aber man fängt schon an zu überlegen und einzugrenzen, wer das gewesen sein könnte, es beschäftigt einen.

Das habe ich teilweise mitgetragen, dann aber auch gesagt, Heide, hör auf. Es war eine kritische Phase, denn man hat ja keine Aktionsmöglichkeiten. Es wird einem sozusagen der Boden unter den Füßen weggezogen. Und da gibt es Augenblicke, wo man schon depressiv werden könnte. Aber ich war da, ihre Schwestern waren da, wir haben viel früher als sonst im Jahr Urlaub gemacht. Das hat die schlimmste Phase überbrückt.

In China gibt es die Lebensweisheit, dass in der Krise auch eine Chance steckt; beides symbolisiert dort ein und dasselbe Schriftzeichen. Krise und neue Chance liegen dicht beieinander. Wer das erkennt, dem hilft es.

Heide engagiert sich ja jetzt bei der UNICEF – und das kommt ihrem Wesen stark entgegen. Da wir keine eigenen Kinder haben, haben wir uns schon immer sehr für Kinder engagiert. Wir haben die entscheidenden Phasen, wo wir Kinder hätten kriegen können, verpasst. Die nötige Planungssicherheit, wie lange wir wo bleiben, war nicht gegeben. Es stellte sich die Frage, geht man das Risiko ein, in einem afrikanischen Krankenhaus ein Kind zu entbinden oder in einer japanischen Stadt, deren Luft verpestet war? Gleich nach den Auslandsaufenthalten kam dann die Politik. Da hätte man sagen können, warum nicht? Eine schwangere Politikerin sieht man ja ohnehin selten. Aber da fingen die Strapazen an, das Pendeln, der Einsatz im Wahlkreis. Das waren schon recht stressige Zeiten.

Meine Frau ist jetzt in einer neuen Phase. In ihrer Zeit als Ministerpräsidentin war sie in hohem Maße fremdbestimmt. Da gab es zwei Damen, die nur für ihren Terminkalender zuständig waren. Sie hatte zehn, zwölf Termine am Tag und auch die konnten sich ständig ändern. Das war bei mir anders. Ich konnte besser planen, hatte einen überschaubaren Terminkalender und wusste im Voraus, wann ich Zeit habe und wann nicht. Entweder ich bekomme einen Termin gesetzt oder ich setze mir selber einen, beispielsweise bis dann und dann eine Doktorarbeit oder ein bestimmtes Buch gelesen zu haben.

Prof. Udo Simonis

Die Art der Buchführung zur Erleichterung der eigenen Arbeit war bei mir ganz anders als bei meiner Frau. Mir reicht dafür ein kleines Taschenbuch, in dem stehen auch alle wichtigen Geburtstage meiner Mitarbeiterinnen und Kollegen. Einmal hatte ich nur für drei Monate eine Aushilfssekretärin, die ich in der kurzen Zeit sehr schätzen gelernt habe. Ich habe ihr mehr als zehn Jahre zum Geburtstag gratuliert, im Gegensatz zu ihrem eigenen Chef, der das bisweilen vergessen hat.

Das sind die kleinen Dinge, die meine Frau jetzt wieder lernen muss, weil das früher alles für sie erledigt wurde. Zu Hause tickerte ja oft noch abends nach 20 Uhr ein Fax mit den aktualisierten Terminen für den nächsten Tag ein.

Dagegen hatte und habe ich ein relativ geordnetes ruhiges Leben. Jetzt haben wir erneut die Chance, uns einen Traum zu erfüllen, eine Fahrt mit der transsibirischen oder der transkanadischen Eisenbahn. Oder die Seidenstraße entlang fahren. Heide schwärmt sehr von Vietnam, wo ich noch nicht war. Wir haben jetzt wieder mehr Zeit füreinander und das ist auch gut so.

»Früher war ich gewöhnt,
die absolute Nr. 1 zu sein.
Jetzt bin ich eben die absolute Nr. 2,
auch nicht schlecht«

Foto: © Thomas Ramstorfer

Gerhard Tötschinger (59), Mann der Schauspielerin
Christiane Hörbiger

Bei unserem ersten Telefonat macht mich Gerhard Tötschinger gleich darauf aufmerksam, dass er kein Hausmann sei. So sehr hing ihm die Frage einer Bildzeitungsredakteurin, wie er sich als Anhängsel seiner berühmten Frau, der Schauspielerin Christiane Hörbiger, fühle, noch nach. Erst als ich versicherte, dass mir durchaus bekannt sei, dass er nicht nur Schauspieler, Regisseur und Produzent, sondern auch bekannter Buchautor ist, ist er zu einem Interview bereit. Im Hotel ›Atlantic‹ in Hamburg treffen wir uns zum Gespräch. Gerhard Tötschinger erscheint wie aus dem Ei gepellt im Maßanzug und erklärt, er empfinde es als Beleidigung, sich Menschen schlecht gekleidet zu präsentieren. Ich blicke unwillkürlich an mir herunter und bin froh, dass ich einen Hosenanzug statt Jeans gewählt habe. Gerhard Tötschinger ist das, was man sich unter einem Wiener Charmeur vorstellt. Er sieht blendend aus und ist ein witziger pointenreicher Erzähler, dem man sehr gern zuhört. Ich kann mir gut vorstellen, dass die Damen auf ihn fliegen. Für ihn gab und gibt es aber nur Christiane Hörbiger.

Als die Anfrage für das Buchinterview mich erreichte, hatte mich gerade eine ihrer Kolleginnen von der Bildzeitung gefragt: »Wie ist denn das für Sie, so als Anhängsel?« Da war ich obstinat. Doch meine Frau hat mir gut zugeredet und da bin ich nun.

Ich kenne tatsächlich Männer, die Anhängsel ihrer Frauen sind. Einer unserer Freunde hatte eine sehr starke Frau, 22 Jahre jünger als er, die machte mit 50 Jahren das, was Männer häufig machen. Sie nahm sich einen 34-Jährigen mit einem – sagen wir sehr vorsichtig – technischen Beruf aus einer ganz anderen Welt als der geistigen. Außer seinem Wissen über Technik verfügte er nicht über viel Bildung, ich habe ihn einmal erlebt. Während ihr unglaublich gebildeter Mann, der aus einer großen Arztfamilie stammt, eines Tages in die Wüste geschickt wurde. Ich habe solche Geschichten ein paar Mal erlebt und festgestellt, dass Männer dann doch nicht immer die

Qualität ihrer Frauen haben. Und warum sollen Frauen da auch besser sein als Männer?

Bei Christiane Hörbiger und mir ist die Beziehung so, dass wir beide das Gefühl haben, sie ist ausgewogen. Wir fühlen uns auf Augenhöhe. Wir hatten nie das Problem: »Einer ist stärker als der andere.« Und deshalb kränkt es mich im Grunde genommen nicht, wenn ich als ihr Anhängsel angesprochen werde. Es verstellt nur manchmal den Blick auf den eigenen Wert. Denn wenn diese Frau von der Bildzeitung so eine Frage stellt und ich antworte: »Entschuldigung, ich war auch schon einmal selbst in der ZEIT«, ist das ein wenig lächerlich, nicht?

Wie ich die Christiane kennen gelernt habe, das ist eine lange gute Geschichte. Ich habe sie schon verehrt, da war ich gerade erst 16 Jahre alt. Auf der Bühne des Akademietheaters in Wien habe ich sie das erste Mal gesehen und gleich verehrt. Das Theater liegt neben dem Wiener Akademischen Gymnasium, das ich besucht habe. Meine Familie – meine Mutter, der Vater, die Großeltern – ging tagaus, tagein in dieses Theater oder ins Burgtheater, in die Staatsoper, die Volksoper, ja selbst in die kleinen Theater.

Wenn ich mit meiner Mutter ins Theater ging – sie war allerdings vor allem ein Opernfan –, hat sie mir die »Meistersinger« erklärt, lange vor dem Musikunterricht in der Schule. Über meinen Großvater lernte ich die Faszination des Schauspiels kennen. Ich war eigentlich fest entschlossen, einen ganz anderen Beruf als den des Künstlers zu ergreifen. Doch durch die dauernde Nähe des Theaters hat es mich knapp vor der Matura erwischt. Das war die Zeit, wo ich Christiane auf einer Bühne gesehen und sie ungeheuer bewundert habe. Doch bis ich sie persönlich kennen lernte, verging noch viel Zeit.

Wenige Jahre später traf ich ihre Schwester Maresa, mit der ich als Schauspieler in Bern am Theater engagiert war. Maresa spielte schon schöne und große Rollen. Eines Tages hieß es, der Vater kommt zur Premiere von »Der Zerrissene« von Nestroy. Mir ist das Herz in die Hose gerutscht, denn ich habe die Rolle des Vaters gespielt. Mir war der Attila Hörbiger natürlich wohlbekannt, wenn auch nicht persönlich, und er war mir immer wichtiger als sein Filmbruder Paul, den ich allerdings später sehr zu schätzen begann. Nun sollte ich also zuerst den Attila kennen lernen.

Der war aber an dem Abend durch einen Schneesturm verhindert und ich hatte umsonst gezittert. Am nächsten Tag hatte die Maresa Vorstellung von »Romeo und Julia«. Ich war da nicht besetzt. Sie war damals schon verlobt mit Dieter Witting, einem Kollegen vom Theater, mit dem ich mich sehr gut verstanden habe. Und ich hatte die Ehre, an diesem Tag dem verehrten Attila Hörbiger vorgestellt zu werden, der zu mir sagte, »gehen Sie mit mir am Abend in die Vorstellung«. Ich hatte sogar das Glück, neben ihm sitzen zu dürfen.

In einem Duell, in »Romeo und Julia« ist ja einiges los, ging Dieter plötzlich in die Knie, hielt die Hand vors Auge, es war klar, dass es nicht inszeniert war. Attila Hörbiger, der um Dieters Rolle bei Maresa wusste, ist ebenso erschrocken wie ich, er bat mich in der Pause: »Könnten Sie bitte nach hinten gehen und schauen, was da passiert ist?«

Ich ging also hinter die Bühne, Dieter hatte großes Glück gehabt, er war zwar verletzt, wurde gerade genäht, aber dem Auge war nichts passiert. Das habe ich dem zukünftigen Schwiegervater berichtet, der in der Aufregung, und weil er eben ein toller Bursche war, mir – mit meinen 22 Jahren, er war 72 – das »Du« angeboten hat. Nun kannte ich schon Maresa und den Vater, den großen Attila Hörbiger.

Das nächste Familienmitglied, das ich kennen lernte, war die Elisabeth, denn wir hatten den gleichen Steuerberater. Danach die Mutter, die Schauspielerin Paula Wessely. Nun kannte ich bald alle, nur Christiane noch nicht.

Eines Tages war Premiere von »Das weiße Rössl« in Wien. Christiane Hörbiger war die Rösslwirtin. Ich hatte viele Jahre lang eine Hörfunkserie, jeden Dienstagabend, »Zu Besuch im Studio«, und

Christiane wurde zu mir in die Sendung eingeladen. So eine schöne Frau! Aber ich wusste, sie ist verheiratet und hat einen Sohn. Und sie hat sich so gar nicht für mich interessiert. Das war ich nicht gewöhnt. Ich war damals ein ganz fescher Kerl. Doch sie ging einfach wieder weg. Es vergingen die Jahre.

Irgendwann habe ich in der Zeitung gelesen, ihr Mann, Dr. Rolf Bigler, ist gestorben. Das passierte während einer Vorstellung in der Volksoper in Wien 1978. Christiane hatte einen Wienschock ersten Ranges. Sie hat die Volksoper nicht mehr betreten, und sie mochte den ersten Bezirk von Wien nicht mehr, wo ihr Mann tot in der Wohnung gefunden worden war. Es vergingen wieder die Jahre.

Eines Tages war ich in ein Palais eingeladen zu dem Versuch eines begabten Laien, Friedrich Hacker, eines berühmten Wiener Psychiaters und Freundes von Curd Jürgens, Wiener Lieder zu singen. Er hat das sehr gut gemacht. Ich war zu der Zeit gerade solo. Zwischen den ganzen Leuten saß eine schöne, in Schwarz gekleidete Frau. Sie hatte sich in den Jahren ein bisschen verändert, und im Halbdunkel des Raumes erkannte ich sie nicht sofort. Bis ein neben mir sitzender Freund sagte, das war doch die Hörbiger, hast du sie nicht erkannt?

Da war sie wieder weg und es war wieder nix. Sie fuhr anschließend an diesen Abend zu einer Einladung beim Bundeskanzler Kreisky nach Schönbrunn.

1984 hat sie einen Film gemacht, »Donauwalzer«, und das las ich wieder in der Zeitung. Ich war damals Intendant in Salzburg, beim Fest in Hellbrunn, und der ORF hatte Festspielmitwirkende eingeladen, selbst Radiosendungen zu gestalten, mich auch und vor mir lag ein kleiner Zettel mit Fragen. Ich hätte ihn nicht gebraucht, aber das konnte sie ja nicht wissen. Der Wind hat den Zettel weggeweht. Sie stand auf und hob ihn mir auf. So kollegial war sie.

Ich besaß damals einen schönen großen Buick, obwohl meine Lieblingsautomarke immer Mercedes war. Der Buick war innen mit weißem Plüsch ausgestattet. Ich sah meine Stunde gekommen und fragte sie: »Darf ich Sie zurückfahren?« Nun saß sie endlich neben mir und ich fragte: »Ich bin in sechs Wochen wieder in Wien, darf ich Sie dann zum Heurigen einladen?«

Ihre Telefonnummer habe ich mir mit dickem Stift quer über die ganze Sonnenklappe notiert. Es war klar, dass man sie weder wieder wegwischen noch eine weitere hinzufügen konnte. Später hat sie mir erzählt, diese Tatsache habe sie sehr berührt. Typisch Frau! Nicht ich habe ihr imponiert, nicht mein sprühender Geist, die hohe Qualität meiner Wortwahl, mein sensationeller Anzug, nein, der Schmäh mit der Sonnenklappe.

Christiane hatte zu der Zeit verschiedene Sorgen. Sie war alleinerziehend, das Haus in der Schweiz war nicht abbezahlt, und so habe ich mich damals sehr bemüht, ihr zwar nicht mit Geld – ich hatte selbst keines auf der Bank –, so doch mit meinen guten Kontakten zu helfen und ihr beratend zur Seite zu stehen. Zu der Zeit bekam sie das Angebot für eine Fernsehserie. Das Drehbuch war aber so entsetzlich, dass ich mich sehr dafür engagiert habe, dass sie das nicht macht. Sie wollte unbedingt und ging zu den Besprechungen. Ich saß etwas abseits und beobachtete die Menschen, mit denen sie zu tun gehabt hätte.

Es ist mir Gott sei Dank gelungen zu verhindern, dass sie in dieser Serie mitspielt. Das war auch gut so, denn kurze Zeit später kam das Angebot, eine Rolle in den »Guldenburgs« zu übernehmen. Und von da an ging es stetig bergauf bis heute. Christiane hatte mir erzählt, dass sie als Mädchen immer zu Film und Fernsehen wollte. Ich habe mich sehr für sie gefreut, als das auf sie zukam.

Ich finde es wunderbar, dass sie eine so unglaublich erfolgreiche Frau ist, und ich gönne ihr das aus tiefstem Herzen. Jeden einzelnen Erfolg. Heute ist sie besser denn je.

Sie hat in der Schauspielerei ein Niveau erreicht, auf das ich in meiner Kunstausübung nie gekommen wäre. Ich habe mir als Schauspieler nicht genügt. Ich fand, ich habe es nicht so gut gemacht, wie ich fand, dass es sein muss, und habe mit 27 Jahren die Seite gewechselt. Und wenn sie anfängt, ihren Beruf auf so hoch professionelle und wunderbare Weise auszuüben, sitze ich mit offenem Mund da. Ich kann ihr vielleicht als Regisseur Ratschläge geben, und da hat sie auch schon gesagt, das hätte ich jetzt nicht ohne dich gekonnt. Ich würde sagen, ich bin wie beim Eisschießen der Besen derjenige, der die Bahn frei macht.

Ich hatte immer gleichzeitig zu Christiane andere Aufträge. Während sie in Schleswig-Holstein gedreht hat, habe ich in Neapel inszeniert, ich habe Bücher geschrieben, ich habe neben Christiane ein erfülltes erfolgreiches berufliches Leben. Ich hatte nie dieses Manko, keiner liebt mich, keiner kennt mich. Zudem habe ich immer meine Intendanzen ausgeübt. Ich habe eine in Österreich sehr erfolgreiche Sendung gemacht »Quiz in rot-weiß-rot«, eine Sendung mit Wissensfragen, kein a, b, c, d, kein Joker, man musste die Antwort wissen. Beispielsweise auf die Frage: An welchem österreichischen See hat Johannes Brahms seine zweite Symphonie komponiert?

Im Mozartjahr 2006 wollte ich weder mit einem Buch noch mit irgendeinem anderen eigenen Beitrag zum Thema auftreten. Ich habe in den letzten 30 Jahren Werke von Mozart inszeniert, ein Mozartkinderbuch geschrieben, aber Neues wollte ich verweigern. Das ist danebengegangen. Man hat uns zu einer CD-Produktion überredet, die ist sehr schön geworden.

1991, beim 200. Todestag, bin ich für Österreich damals quer durch Europa gefahren, in 13 Städten war ich, London, Madrid, Rom, Kopenhagen, Frankfurt und habe überall zum Thema »Mozart und...« gesprochen, also »Mozart und Berlin«, »Mozart und Barcelona« und so weiter. Nun war Mozart ja nicht selbst in allen diesen Städten, da musste man schon heftig nach Bezügen suchen, in Hamburg zum Beispiel. Aber sogar da habe ich etwas finden können. Beispielsweise war die Firma, die der Familie Mozart auf der großen Reise 1763 bis 1766 das Gepäck befördert hat, eine Hamburger Firma. Das war damals spannend, aber so eine Anfrage hatte ich nicht für 2006, also Ruhe – eben nicht!

Wir haben diese CD gemacht. Ich erzähle aus Mozarts Leben, Christiane liest vier seiner Briefe. Nicht die Bäslebriefe, die muss ein jüngerer Mann lesen, nicht eine Frau, sondern vier Briefe zu bedeutenden Perioden seines Lebens. Christiane hat den Brief an Vater und Schwester, mit der Nachricht vom Tod der Mutter, so innig und perfekt gelesen, dass es ganz still geworden ist im Studio, die jungen Techniker waren plötzlich Publikum. Also, um es zu wiederholen, sie wird immer besser. Sie ist mit ihren 67 Jahren als Frau noch unglaublich akzeptiert. Thomas Mann lässt die Hauptfigur in seiner »Betrogenen« sagen: »Alter ist männlich.« Davon wird bei Christiane einmal nicht die Rede sein.

Wir können sehr gut organisieren, dass wir gemeinsam reisen. Bücher schreiben kann ich ja überall. Meine Intendanzen habe ich vor einigen Jahren aufgegeben und habe nun Projekte, die mich noch flexibler sein lassen. Irgendwann habe ich gesagt, danke, ich mache nur noch, was mich freut. So habe ich es jetzt noch leichter als vorher, Christiane zu begleiten. Und wir versuchen das auch.

Dazwischen gibt es schon Zeiten, wo wir auch mal zwei Monate getrennt sind. Dann sehen wir uns vielleicht alle drei Wochen kurz. Damit kann ich sehr gut umgehen. Ich kann nicht nur gut allein sein. Ich bin der König des Alleinseins. Ich habe sehr viel allein gelebt, was dazu geführt hat, dass ich ein brauchbarer Koch bin. Im Theater haben die Kollegen sich immer wieder gewünscht, bekocht zu werden. Den Haushalt habe ich mir, war ich alleine, auch immer selbst geführt. Da kann man schon ein bissel sonderlich werden, mit meiner Pfeifenraucherei und meinen Büchern, ich konnte dann um zwei in der Frühe nach zwei Stunden Schlaf wach werden, und mich trieb die Frage um, wer war eigentlich im 16. Jahrhundert mit dem Zaren verheiratet? Dann konnte ich zwei Stunden lesen und mich wieder hinlegen.

Als Christiane und ich zusammenzogen, habe ich teilweise zurückstecken müssen. Christiane hat mich davor bewahrt, noch sonderlicher zu werden, als ich es schon war. Sie kann auch wunderbar allein sein. Sie ist manchmal den ganzen Tag allein und ich denke, die Arme, sie ist ganz allein. Aber sie hat kein Problem damit. Sie genießt die Wiener Wohnung mitten in der Stadt zu Füßen von St. Stephan. Eine sehr gestaltete Wohnung, und sie ist dort glücklich. Sie bereitet sich dort auf ihre Rollen vor, auf die leider seltenen Lesungen, und sie lernt und lernt und ist dort sechs, sieben Stunden konzentriert im Einsatz. Wenn ich dann in der Stadt zu tun habe, weiß sie, sie hat eine absolute Ruhe und sie ist selig.

Ich hatte natürlich auch Beziehungen mit Frauen, die nicht auf Augenhöhe waren. Da waren einige dabei, die mir Leid getan haben. Die waren wahnsinnig lieb. Aber in der Zeit, wo wir zusammen waren, hat der eine sich entwickelt, der andere ist stehen geblieben. Und dann kommt die Situation, dass der Satz, den der eine gesagt hat, dem anderen nicht mehr genügt.

Ich glaube, die geistige Ungleichheit funktioniert nur bei sehr einfältigen oder sehr einfach gelagerten Menschen. Und vielleicht noch, wenn man sehr jung ist und die Erotik im Vordergrund steht. Für mich ist Erotik allerdings zum Beispiel ein gut gesagter Satz. Weniger eine betonte körperliche Form. Und da gab es natürlich einige Frauen in meinem Leben, die sich auf ihre körperlichen Erscheinungsformen verlassen haben, die für mich diese Rolle aber gar nicht spielen. Es hat lange gedauert, die Frau zu finden, mit der es so stimmt, wie ich mir das wünsche. Christiane eben.

Etwas, was mir sehr schwer fiel, war, mit meiner Stimme umzugehen. Ich neige dazu, lautstark zu werden, das kommt nicht nur von der Statur, man hat das ja schließlich einmal gelernt. Ich poltere nicht, aber ich kann mich schon ganz schön laut ärgern, und das muss ja den Nebenmenschen auf die Nerven gehen, noch dazu, wenn es nichts mit ihnen zu tun hat. Da habe ich lernen müssen, Christiane zu verschonen, lang habe ich gebraucht. Jetzt schimpfe ich leiser.

Es gibt viele Kleinigkeiten, die ich gelernt habe. Beispielsweise auch ein Zurückhalten des vorschnellen Witzes. Wir schießen beide leidenschaftlich gern aus der Hüfte. Wenn wir alleine sind, machen wir schon mal Scherze auf Kosten des anderen, das ist ja klar. Aber wenn wir draußen sind und ich kann meine Zunge nicht im Zaun halten, kommt es schon mal vor, dass ich denke, oh, jetzt hättest du besser geschwiegen. Ich habe ein grenzenloses Vergnügen an Ironie und Witz, und gerade in der Schweiz muss Christiane mich oft bremsen und sagen: »Sag es nicht, sie nehmen dich ernst.«

Beispiel: Mein Studium habe ich abgebrochen, kurz bevor ich meine Doktorarbeit angefangen habe. Aus diesem Grund habe ich einmal gesagt: »Ich bin ein erfolgloser Studienabbrecher.« Mit dieser Ironie kann nicht jeder umgehen. Da habe ich lernen müssen, mich im Zaum zu halten. Christiane nicht. Sie hat in jeder Situation eine große Lebensweisheit. Manchmal muss sie meine Sonderlichkeiten aushalten. Manchmal muss sie auch meinen Witz aushalten. Das ist nicht immer leicht.

Es gibt einen Satz, der mir sehr wichtig ist und der sich nicht nur auf Christiane bezieht, sondern auf alle Menschen. Der Satz ist von Kafka und steht als Motto über dem Roman von Robert Walser »Der Gehülfe«. Er heißt: »Ich verbiete jedermann, sich so zu benehmen, als ob er mich kenne.« Das ist für mich die Basis von Höflichkeit. Und in der Tat entdecken Christiane und ich nach so vielen Jahren immer noch Überraschendes aneinander.

Sie musste beispielsweise neulich eine Erklärung abgeben auf die Frage: »Was ist ein Abseits?« Und das gelang ihr nicht nur, sondern sie erklärte es so unglaublich gut, dass ich ganz verblüfft war. Wir sind jetzt 21 Jahre zusammen, aber dass sie das kann, habe ich nicht gewusst.

Sie hat ein funktionierendes Gehirn und ein weites Herz. Die Frau kann Theater spielen, sie hat Offenbach gesungen, sie hat Filme gemacht, sie ist, was Pointen angeht, unglaublich geistreich, ich habe eine tiefe Bewunderung für sie. Ich bin außerordentlich stolz auf meine Frau. Wenn jemand mit dieser Ausgangsposition etwas von solcher Qualität erreicht, eine Nr. 1 eins zu werden auf verschiedenen Gebieten, ist das bewundernswert.

Gerhard Tötschinger

Sie sollte ja, auf Wunsch der Eltern, Zuckerbäckerin werden und hat die Handelsschule abgeschlossen, mit einem glänzend absolvierten Schreibmaschinenkurs im letzten Jahr. Das hat sie dann zum Glück nicht sehr gebraucht, im beruflichen Alltag.

Der ganze Bereich Alltag ist bei uns unproblematisch. Die Alltäglichkeiten finden wir nicht so wichtig. Ich arbeite gern im Garten, ich kaufe gern ein, ich koche italienisch und österreichisch. Christiane will jetzt auch gern kochen können und gibt sich viel Mühe. Wir gehen oft spazieren. Ich bin ein großer Geher, und ich liebe Städte. Ich kann den ganzen Tag durch Paris rennen, ich gehe den Broadway herauf und herunter. Ich kenne Venedig besser als die, die dort wohnen. Ich gehe unglaublich viel zu Fuß. Das hat Christiane früher nicht so gern gemacht. Jetzt schon. Gemeinsam gehen wir sehr gern schwimmen.

Ich bin ein Museumsfan. Ich renne in jedes Museum und kenne jedes, auch in kleineren Städten. Ein Museum ist für mich ein sinnliches Vergnügen. Ich kenne in Aschaffenburg das Korkmuseum und in Uelzen das Sesselmuseum und benutze das auch eventuell für ein Buch. Ich gehe zu kulturellen Veranstaltungen, zu Vorträgen, das hat mich seit meiner Kindheit schon begeistert. Und ich habe Christiane immer gefragt, ob sie nicht mitkommen möchte. Manchmal ist sie natürlich nicht in der Lage, wir haben ja selbst genügend eigene Abende. Aber seit gut und gern 12, 13 Jahren geht sie mit. Das führt dazu, dass sie völlig neue Leute kennen lernt, völlig neue Atmosphären genießt. Und die Leute sagen mit offenem Mund, diese Frau, die im Kino und im Fernsehen so gut spielt, steht hier bei uns in der Porzellanausstellung aus der Toskana. Das macht mir riesigen Spaß.

Was ich auch darf: Ich berate sie bei ihrer Kleidung. Bei der Verleihung der »Goldenen Kamera«, als sie sie zum ersten Mal bekam, da wollte sie ein ganz einfaches, nicht gerade pfiffiges schwarzes Kleid anziehen, davon konnte ich sie abhalten. So sind wir also in Zürich, wo wir damals zu Hause waren, auf die Bahnhofstraße gegangen und haben in einem der ersten Geschäfte für Geld, das für uns eigentlich zu viel war, ein atemberaubendes Kleid erstanden. Damit hat Christiane dann gewaltigen Eindruck gemacht, ihre Fotos waren doppelt so groß wie die der anderen Kameraempfänger. Seither lässt sie mich mitreden.

Wenn Christiane bei Escada oder Armani für eine Veranstaltung ausgestattet wird, geht sie hin, trifft eine Vorauswahl und dann nimmt sie mich mit. Ich setze mich hin und ich sage, das ist es, das nicht, oder die Schuhe sind so bieder.

Ich finde es übrigens eine grobe Unhöflichkeit, einem Menschen gegenüberzutreten und nicht seine Fassade in Ordnung zu haben. In Europa bin ich manches Mal entsetzt. Ich gebe mir immer Mühe, ein angenehmes Bild zu bieten.

Christiane hilft mir aber ebenso, sie ist eine weise Ratgeberin, auch in banalen Kleidungsfragen. Es ist ja nicht nur die Höflichkeit gegenüber anderen Menschen oder pure Eitelkeit. Mit meinen 1,94 muss ich auf den Rücken Acht geben, auf die Füße, mache viel Bewegung, sehr bewusst, gerade jetzt, älter werdend. Ich atme bewusst, unterrichte das auch, bemühe mich um Körperhaltung, um den richtigen Schuh. Schuhe sind ungeheuer wichtig, sind eben die Basis, sind eine gute Investition.

In meine Rolle neben, mit Christiane bin ich im Laufe der Zeit hineingewachsen. Früher gewöhnt, die absolute Nr. 1 zu sein. Jetzt bin ich eben die absolute Nr. 2. Auch nicht schlecht.

»Männer müssen auch lernen, wenn Frauen sich entschließen, einen starken Gegenpart zu bilden«

Foto: © privat

Andreas Goosses (43), ist Psychologe bei pro familia Berlin

Andreas Goosses hat sich in eigener psychotherapeutischer Praxis auf Männerfragen spezialisiert. Er plädiert dafür, bei Paarberatungen auch die Männer verstärkt mit einzubeziehen. Ein Angebot, das neu bei pro familia ist. »*Um eine Beziehung lebendig zu halten, brauchen Paare gemeinsame Projekte, für die sie sich begeistern können – von Reisen über Kultur bis zum Sport.*«

Auf Andreas Goosses bin ich durch das »*pro familia Magazin*« *gestoßen, für das er einen einfühlsamen Artikel über Männer und Sexualität geschrieben hatte. Er hat sich damit auseinander gesetzt, welche Eigenschaften ein Mann haben muss, um mit einer beruflich erfolgreichen und bekannten Frau zusammen sein zu können.*

Sind Männer wie Markus Lanz, Markus Beerbaum, Prof. Simonis und andere Ausnahmemänner?

Zumindest zeugt deren Einstellung zu ihren Frauen von einem gewissen Selbstbewusstsein. Die Karriere der Frau in einer Beziehung ist überhaupt erst möglich, wenn alte Rollenmuster wie »Der Mann muss besser sein« und »Sie muss zu ihm aufblicken können« nicht mehr greifen. Hätten diese Männer den Anspruch, auf jeden Fall beruflich erfolgreicher sein zu müssen als ihre Partnerinnen, dann stünden solche Beziehungen natürlich auf wackligen Füßen. Wenn jemand jedoch anders damit umgehen kann, ist das eine gute Voraussetzung und zeugt von der Bereitschaft, alte Rollenmuster in Frage zu stellen.

Wie aktuell alte Vorstellungen noch sind, hat sich erst gerade wieder gezeigt, als sich Sabine Christiansen von ihrem Lebenspartner Manfred Schneider trennte. Der »Berliner Kurier« titelte: »Mit ihr hält es keiner aus«. »Bild« schrieb: »Die Frage ist, ob privates Glück und großer beruflicher Ehrgeiz für eine Frau überhaupt miteinander vereinbar sind.«

Die interviewten Männer sagen auch, eine Frau, die sich auf Haushalt und Kinder beschränkt, könnten sie sich für sich als Partnerin gar nicht vorstellen.

Das ist zum einen eine Generationsfrage. Prägender jedoch ist die Sozialisierung. Wer eine starke, selbstbewusste Mutter erlebt hat, hat auch ein anderes Rollenverständnis.

Die Sozialisierung ist heute schon dadurch anders, dass Frauen in der Gesellschaft eine ganz andere Rolle einnehmen im Vergleich zu früher. Das wirkt sich doch auf Dauer auf die Männer aus.

Ich glaube auch, dass alte Mechanismen immer weniger funktionieren. Andererseits tun sie es in gewissen Bereichen doch noch. Nach einer Studie, die von der evangelischen und katholischen Kirche in Auftrag gegeben wurde, »Männer im Aufbruch«, gibt es 20 Prozent »neue Männer«. Das heißt nicht, dass diese Männer sich selbst so bezeichnen. Sie gehen einfach von Gleichberechtigung in Beziehungen aus und mochten sich beispielsweise auch gleichberechtigt um ihre Kinder kümmern.

Voraussetzung dafür ist natürlich, dass die Männer Gleichberechtigung nicht nur akzeptieren oder dulden, sondern auch einen Vorteil darin sehen, dass die Frau auf Augenhöhe agiert.

Auch bei der etwas älteren Generationen kommt diese Einstellung zum Tragen, wie manche Interviews zeigen. Es gibt durchaus Männer, die stolz auf eine erfolgreiche Partnerin sind und die Vorteile einer Frau mit eigener Karriere für sich erkennen. Sie fühlen sich neben einer prominenten Frau nicht klein.

Was zeichnet die »neuen Männer« aus? Welche »neuen« Eigenschaften haben sie?

Die Studie hat die befragten Männer in vier Kategorien eingeteilt. Die traditionellen Männer, die neuen Männer und die pragmatischen und die Männern als Übergangskategorien. Traditionell ausgerichtete Männer definieren sich in ihrem Selbstverständnis über die Arbeit. Auch bei den neuen Männern wird jedoch deutlich, dass ein 100-prozentiger Rollenwechsel gar nicht angestrebt wird. Es geht nicht darum, Hausmann zu werden. Das wollen auch die neuen Männer nicht.

In der heutigen Zeit geht es darum, die Gleichberechtigung der Frau als Chance und nicht als Bedrohung zu sehen. Das Ziel dieser Männer ist, sich eigene, neue Beziehungsmodelle zu suchen und andere Rollenmuster auszuprobieren. Deshalb verstehen diese Männer es als ihre Aufgabe, sich um Haushalt und Kinder gemeinsam mit der Frau zu kümmern. Sie zeigen eine hohe Bereitschaft, in die Erziehungszeit zu gehen, und möchten keine Partnerin, die ausschließlich Hausfrau ist.

Der Rollentausch hat sich als nicht lebbar erwiesen.

Ich kann das niemandem empfehlen. Es geht darum, gemeinsam die zu dem Paar passende Form zu finden bzw. auszuhandeln, ohne auf eigene Bereiche und Wünsche, eigene Ziele und berufliches Weiterkommen gänzlich zu verzichten, so dass sich jeder selbst verwirklichen kann.

Wie sieht es jetzt in Zeiten von Arbeitslosigkeit und Sozialkrise aus?

In Krisenzeiten ist stets auch eine gegenläufige Tendenz spürbar. Da Männer meist immer noch besser verdienen als Frauen, wird der Druck wieder stärker, dass die Frau zu Haus bleibt und der Mann das Geld verdient. Oft stellt sich aber auch diese Frage nicht, da die Frau mitarbeiten muss, damit die Familie überleben kann. In Krisenzeiten kommen oft die unbewussten alten Rollenverständnisse wie-

Andreas Goosses

der zum Vorschein, die längst überwunden schienen. Manche sehen dennoch in der notwendigen Verteilung der Last eine Chance.

Es ist in der Tat eine große Entlastung für den Mann, wenn er sich nicht allein um den Lebensunterhalt kümmern muss.

Genau, und da sind viele Paare schon weiter als manche Politikmodelle, bei denen immer noch vom Alleinverdiener ausgegangen wird. Bei vielen Modellrechnungen in der Politik steht nach wie vor die klassische Kleinfamilie im Mittelpunkt. Und es ist nicht nachvollziehbar, wie hartnäckig das beibehalten wird. In der gemeinsamen Suche eines Paares nach eigenen, anderen Möglichkeiten sind Erfahrungen mit anderen Rollenmustern unterstützenswert. Aber Männern, die keine Vorbilder in einer starken Mutter hatten, fällt das nicht leicht. Im Alltag bedeutet dies dann oft, gegen den Strom schwimmen zu müssen und kritisch beäugt zu werden.

Da ist es gut, wenn andere männliche Vorbilder da sind.

Das ist die Frage bei jedem Männerthema. Wo sind die Vorbilder? Wo sind die Väter, die präsent sind? Wo sind die Väter, die sich um ihre Kinder kümmern? Früher war es normal, dass der Vater nicht anwesend war. Meist haben andere Vorbilder gefehlt und andere Modelle mussten erst erarbeitet werden. Heute stehen verschiedene Vaterschaftsmodelle nebeneinander. Viele Väter wollen heute bewusst Zeit mit ihren Kindern verbringen und richten ihr Leben auch so ein, dass dies möglich ist.

Bei den Partnerschaftsmodellen gibt es heute ebenfalls mehr Vielfalt. Männer, die offen für andere Wege sind, haben es oft immer noch nicht leicht. Wer sich auf die Suche begibt, findet jedoch andere Vorbilder, Literatur sowie Reflexions- und Beratungsmöglichkeiten.

Die vorliegenden Interviews zeigen, dass diese Männer ihre Rolle durchaus reflektiert haben und sagen, ich möchte meine Rolle anders gestalten. Ich möchte ein anderes Modell leben als das, was bislang üblich war.

Viele Frauen, aber auch Männer verzichten heute auf Kinder, weil beide beruflich so ausgefüllt sind, dass ein Kind nicht passt.

Das ist heute ein großes Thema. Die Zeiten sind so unsicher, dass gerade Akademikerinnen, wenn überhaupt, sehr spät Kinder bekommen. Es bedeutet ja für Frauen eine unglaubliche Anforderung, alles gleichzeitig zu schaffen. Frauen sollen nach wie vor federführend in der Kindererziehung sein und zugleich wollen sie beruflich erfolgreich sein. Da sind wir dann schnell bei der eierlegenden Wollmilchsau. Eine solche Doppel- und Dreifachbelastung ist für viele überfordernd.

Aber gerade hier bietet sich für Männer die Chance, nicht nur auf die Arbeit fixiert zu sein, sondern sich an Beziehungsgestaltung und Kindererziehung zu beteiligen. Die Lebenssituation nach eigenen Vorstellungen mitgestalten zu können, bedeutet auch Lebensqualität. Viele Väter wollen den Kontakt zu ihren Kindern nicht missen. Sie wissen, was sie davon haben. Gleichzeitig haben auch sie ein Vereinbarkeitsproblem. Das geht in Richtung Work-Life-Balance. Ich verdiene zwar nicht so viel, aber ich kann mir das Leben freier einrichten und gewinne durch das Zusammensein mit meinen Kindern mehr Lebensqualität.

Das passende, eigene Modell herauszufinden ist natürlich nicht einfach. Wie heißt es bei Sartre? »Verdammt zur Freiheit.« Einerseits bietet sich in den Gestaltungsmöglichkeiten eine Chance, andererseits gilt es, die Herausforderung anzunehmen.

Es geht bei den »neuen Männern« ja nicht nur um die Vaterrolle. Es geht auch darum, Gefühle zeigen zu können. Nicht mehr nur den Unberührbaren zu geben. Ist der coole Typ wirklich out?

Andreas Goosses

Eins ist klar. Männer haben viele Gefühle, von denen sie meinen, sie unterdrücken zu müssen. Gefühle zeigen war vor wenigen Jahren gesellschaftlich noch wenig akzeptiert, während wir mittlerweile in den Medien Fotos von zu Tränen gerührten Männern zu sehen bekommen. Aber in vielen Situationen gilt nach wie vor: nicht zu viel Schwäche zeigen.

Allerdings muss auch nicht das Ziel sein, dass Männer öffentlich weinen. Wichtiger ist, dass sie an ihre Gefühle herankommen und sie ausdrücken können, wenn sie wollen, sie nicht mehr um jeden Preis unterdrücken müssen.

Ich glaube, da gibt es heute mehr Zugänge und mehr Männer, die sich trauen, authentisch zu sein. Diese Männer müssen sich nicht länger, komme was da wolle, hinter einer Maske von Coolness verstecken. Solche Entwicklungen bei Männern begleiten zu können, macht mir in der Männerberatung sehr viel Freude.

Gleichzeitig gibt es auch hier die gegenläufige Tendenz. Zum Beispiel ist auf Schulhöfen »Opfer« ein Schimpfwort und die männliche Opferrolle nach wie vor tabuisiert. Viele Männer zeigen keine Gefühle, weil sie dies als Schwäche betrachten. Sie wollen ihre Verletzlichkeit nicht zeigen und damit als Opfer gelten. Einerseits ist es Tatsache, dass Männer auch zu einer hohen Prozentzahl Opfer von Gewalt im öffentlichen Raum sind. Sie sind eben nicht nur Täter, sondern auch Opfer. Andererseits wird dieser Aspekt systematisch ausgeblendet. Die meisten Männer mit Gewalterfahrungen versuchen damit allein zurecht zu kommen. Sie sprechen nicht darüber, weil die Opferrolle nicht zu den herkömmlichen Vorstellungen von Männlichkeit und dem männlichen Ideal passt. Daran zeigt sich, wie groß das Tabu für Männer ist, Schwäche zu zeigen. Und es verdeutlicht, dass Männer zu oft noch einseitig wahrgenommen werden.

Wie kommt das?

Die herkömmlichen Zuschreibungen von Männerrollen sind allgegenwärtig. Die gängigen Männlichkeitsideale werden durch Gesellschaft und Medien früh weitergegeben. Wir alle haben sie sehr früh erlernt und verinnerlicht. Aber wir haben durchaus die Möglichkeit, uns für andere Wege zu entscheiden. Deshalb ist ein Buch wie dieses auch für Männer sehr wichtig. Ich hoffe, die beschriebenen Beziehungen geben für das ein oder andere Paar wichtige Anregungen für die eigene Beziehung.

Es stimmt nicht, dass Männer ausschließlich die Defizitären, die Bösen, die Gewalttätigen, die Schweiger sind. Alle Männer über einen Kamm zu scheren bedeutet ja auch, eine große Hoffnungslosigkeit für die Männer zu schaffen. Wir Männer wollen uns durchaus andere Wege suchen und das genau macht diese »neue Männer« aus.

Wie ist es denn mit dem Klischee »Männer bekommen den Mund nicht auf«?

Das trifft zum Glück immer weniger zu. Zumindest die Männer, die ich kennen lerne und mit denen ich arbeite, können sich sehr gut einbringen. Andererseits ist es am Anfang der Auseinandersetzung mit sich selbst oft so. Das männliche Schweigen wurde in den 80er Jahren von Wilfried Wieck in dem Buch »Männer lassen lieben« thematisiert. Wieck hat das männliche Schweigen benannt und als zentral herausgestellt. Er beschrieb, dass Männer oft nicht lernen, über ihre Gefühle zu sprechen. Gleichzeitig gehört zu diesem »Liebenlassen« der Männer, von Frauen verwöhnt zu werden. Wieck beschreibt die Erziehung vieler Jungen: Die Mutter verwöhnt den Sohn, während der Vater abwesend ist. Verwöhnung ist Erziehung zu Unselbständigkeit. Der Sohn wird es dann nicht lernen, über sich und seine Gefühle zu sprechen und damit auch liebesfähiger zu werden.

Andreas Goosses

Frauen spielen also doch eine wichtige Rolle?

Natürlich. Von wem sollen die Jungen es lernen, wenn der Vater nicht da ist und die Mutter ihn zur Unselbständigkeit erzieht? Dann müssen die Männer lernen zu akzeptieren, wenn die Frau den »weiblichen Gehorsam« verweigert, das überkommene Rollenbild nicht bedient. Es ist nicht mehr die Regel, dass Frauen und insbesondere Mütter froh sind, wenn sie zu Hause bleiben können und nicht mehr berufstätig sein müssen. Viele Frauen bilden auch zu Hause einen starken Gegenpart. Andererseits müssen die Frauen einen Mann finden, der das dann akzeptiert. Das Verwöhntwerden und Schweigen auf der einen Seite und das Pflegerische ausüben auf der anderen Seite, das führt automatisch wieder zu den alten Rollen. In den 80er Jahren wurde dies auch einer breiteren Öffentlichkeit bewusst. Es geht nicht darum, die Rollen umzukehren, es geht darum, Ressourcen hinzuzugewinnen.

Das Feindbild Mann ist inzwischen überholt, man trifft sich irgendwo in der Mitte. Die sogenannte Frauenliteratur ist längst out.

Diese Kämpfe, die es früher gab, existieren kaum noch und ich empfinde das als sehr angenehm. Männer wurden verurteilt, weil sie Mann waren. Diese Diskussionen waren nicht frei von diskriminierenden Aspekten. Dass Männer damals anfingen, über ihre Rolle nachzudenken, war jedoch eindeutig das Verdienst der Frauenbewegung. Heute können viele Männer selbstbewusst sagen, dass sie dazugelernt haben.

Es ist sicherlich beziehungsfördernd, dass die Kämpfe nicht mehr so hart geführt werden.

Dass die Kämpfe so plakativ geführt wurden, war eine notwendige Etappe, um das Thema anzustoßen. Die Zuspitzungen sind insofern überwunden, als Mann und Frau heute genauer hinschauen. Es gibt inzwischen verschiedene Ausprägungen von Männlichkeit und nicht nur »die Männer«. Wie es auch verschiedene Ausprägungen von Weiblichkeit gibt. Und Dialog statt Polarisierung vereinfacht den Umgang miteinander.

Das Polarisieren hat Beziehungen auch regelrecht verhindert, obwohl die Sehnsucht nach Zweisamkeit immer da war.

Das sehe ich auch so. Heute sind die Bemühungen eher dadurch geprägt, auf Augenhöhe zu kommen und den Dialog zu fördern. Ich bemerke jedoch noch ein Defizit bei Männern, nämlich dass der Dialog noch nicht so aufgegriffen wird, wie er aufgegriffen werden könnte. Da wäre noch mehr möglich.

Oft legen Frauen die Messlatte so hoch, dass ihren Wunschvorstellungen kein Mann entsprechen kann.

Die Wunschvorstellungen des Partners sind generell ein Thema bei der Paarberatung. Es ist wichtig, sich damit auseinander zu setzen, welche Wünsche und Erwartungen die Partner jeweils haben. Manche Beziehungsvorstellungen sind unrealistisch. Das ist schade, weil dann vieles nicht entstehen, sich nicht entwickeln kann. Bei einigen ist das Bild, »so muss es sein«, extrem festgefügt. Daran haben die Medien einen großen Anteil. Wenn man sich davon beeinflussen lässt, was man angeblich alles leisten muss, bekommt man automatisch Minderwertigkeitsgefühle. Umso wichtiger ist es, hinzuschauen, was das Besondere des Partners oder der Partnerin ausmacht und wohin man sich zusammen entwickeln möchte.

Welche Eigenschaften braucht ein Mann, der eine Beziehung mit einer beruflich erfolgreichen Frau eingeht?

Da geht es darum, Selbstbewusstsein zu entwickeln, sich den Fragen zu stellen: Was macht mich eigentlich aus? Was macht mich als Person aus? Was sind meine Stärken, was sind meine Schwächen? Was bringe ich mit und wo möchte ich noch hinzugewinnen? Oder fühle ich mich so defizitär, dass ich ohnehin wenig Selbstbewusstsein habe und vor eigenen oder beruflichen Entwicklungen zurückschrecke? Dann kann ich es eher schwer ertragen, dass meine Partnerin beruflich erfolgreich oder gar erfolgreicher ist als ich.

Welche Erfahrung haben Sie mit Männern in Ihrer Praxis, die eine beruflich erfolgreiche Partnerin haben?

Da gibt es Männer, denen es nicht möglich ist, dies zu akzeptieren. Die sich dann sehr minderwertig fühlen. Ich habe gerade erlebt, wie ein Paar, im gleichen Bereich tätig, sich auf die gleiche Stelle beworben und sie die Stelle bekommen hat. Das führte zu einer anhaltenden Beziehungskrise, und letztlich dann zur Trennung. Der Mann war nicht bereit, an sich und seiner Beziehungsfähigkeit zu arbeiten. Das gibt es nach wie vor.

Auf der anderen Seite erlebe ich Männer, die sich über die beruflichen Erfolge ihrer Frau sehr freuen. Nach vielleicht anfänglicher Irritation unterstützen sie ihre Partnerin, indem sie eigenständig genug sind und auch einen Teil der versorgenden Aspekte in der Beziehung übernehmen. Mancher fühlt sich auch entlastet, nicht allein für den Unterhalt verantwortlich zu sein, und sieht darin die Möglichkeit, eigene Projekte verfolgen zu können, für die sonst kein Raum wäre.

Ist denn der eigene berufliche Erfolg des Mannes eine Voraussetzung dafür, dass er eine gleich starke Partnerin verkraften kann?

Ja, der Beruf ist für die Identität des Mannes eine wichtige Komponente. Das stimmt einfach. Aber es ist nicht nur die Arbeit. Es muss noch etwas anderes hinzukommen, was trägt und nicht zu dem Gefühl führt, das eigene Leben nicht zu leben.

In der Arbeitswelt sieht es momentan so aus, dass viele innerlich unzufrieden sind. Es wird vermutet, dass über 50 Prozent der Arbeitnehmer in Deutschland innerlich gekündigt haben. Das schafft ein riesiges Frustpotenzial. Eine Beziehung muss erst mal verkraften, dass einer der beiden Tag für Tag nicht zufrieden ist.

Wenn dann die Partnerin sehr erfolgreich ist und zufrieden im Job, wird es für ihn schwierig. Paare auf Augenhöhe berichten darüber, wie wichtig ihnen das Gespräch, der Austausch ist. Wenn jemand nicht mithalten kann oder immer starke Minderwertigkeitsgefühle hat, ständig frustriert ist, dann ist es kaum auszuhalten. Dann stimmt es auf Dauer nicht.

Was trägt den Mann denn noch, außer der Beruf?

Das ist schon die Partnerschaft, die auch Lebensqualität bedeutet. Es ist wichtig zu hinterfragen, was man braucht in seiner Partnerschaft. Mancher braucht Freiraum. Das Thema Nähe und Distanz sorgt immer wieder für Gesprächsstoff. Wenn beide erfolgreich sind, gibt es viele Spielmöglichkeiten und eher das Problem, dass sie wenig Zeit füreinander haben. Sich bewusst Zeiten einplanen müssen. Zeit für sich und Zeit für die Beziehung zu haben, das sind ganz zentrale Themen. Wenn einer immer zu Hause hockt und auf den anderen wartet, stauen sich viel Defizite auf.

Viele Paare entfernen sich voneinander, ohne dass sie es sich bewusst machen.

Viele Paare merken erst, wenn die Kinder aus dem Haus sind, dass sie kaum noch gemeinsame Interessen haben. Meist wurde auch früher nie darüber diskutiert, was man noch zusammen erleben will, welche gemeinsamen Ziele und Pläne man verfolgen will. Wenn nur noch der Alltagstrott vorherrscht, fehlt den Beziehungen die Zukunft.

Doppelkarrierebeziehungen haben auch ihre eigenen Probleme. Welche kennen Sie aus Ihrer Praxis?

Ein großes Problem ist, neben dem, was man selbst erlebt, Anteil nehmen zu können an dem, was der andere erlebt. Einige Paare haben Kommunikationsstrukturen geschaffen, um das zu bewerkstelligen. Oft aber fehlt es daran. Wenn man vieles, was der andere zu erzählen hat, aus dem eigenen Bereich kennt, fällt es leichter. Wenn der Zugang zum Bereich des anderen völlig fehlt, dann wird es schwierig. Wenn beispielsweise kein Verständnis dafür da ist, dass man einfach mal nicht zu sprechen ist. Wenn andererseits die Gewissheit nicht da ist, wenn es mal brennt, ist der Partner auch zu erreichen. Also wie klappt es mit der Kommunikation? Wie weit fühlen sich die beiden verbunden? Wie weit kann man sich verständigen, dann und dann sehen wir uns? So, dass beide mit ihren Bedürfnissen zufrieden gestellt werden.

Ich habe bei den Interviews öfters mal gehört: »Unsere Beziehung hält, weil wir uns so selten sehen.«

Wenn beide diese großen Freiräume zu schätzen und für sich zu nutzen wissen, ist etwas dran. Jedes Paar muss für sich herausfinden, welches Verhältnis von Nähe und Distanz ihm gut tut. Voraussetzung dafür, die Zeit allein gut nutzen zu können, ist die innere Verbindung und das Wissen, wie es dem anderen geht. Es ist ja kein Zufall, dass gerade die Weihnachtszeit für viele Paare eine Krisenzeit ist, weil sie ungewohnt viel Zeit miteinander verbringen und die Erwartungen an diese gemeinsame Zeit sehr hoch sind. Wenn man dann ein paar Tage hintereinander zusammen ist und plötzlich merkt, dass man sich gar nicht mehr viel zu sagen hat, wird es schwierig. Und weil andererseits hohe Erwartungen an die Partnerschaft gestellt werden, bricht es los.

Welche Eigenschaften brauchen denn Mann und Frau, wenn sie gemeinsam veränderte Rollen leben wollen?

Ganz wichtig sind Flexibilität und Offenheit, sich einstellen zu können auf veränderte Bedingungen, nicht dieses Festhalten am »so muss es sein«. Ein gesundes Selbstbewusstsein und Selbstwertgefühl. Zu wissen, was die Beziehung ausmacht. Wie man auch in Zeiten, in denen man sich wenig sieht, ein Gefühl dafür behält, was einen zusammenhält. Die Kommunikationsfähigkeit, konstruktiv streiten zu können, Schweigen überwinden zu können auf männlicher Seite, aber auch den Mann lassen zu können auf weiblicher Seite.

Was ist, wenn ein Kind hinzukommt und die gleichberechtigten Rollen über den Haufen wirft?

Man hört oft, dass die Frau sagt: »Ich freue mich, dass er mich so unterstützt.« Damit sagt sie aber gleichzeitig, es ist eigentlich meine Aufgabe, mich um dieses Kind verantwortlich zu kümmern. Es entstehen neue Konflikte bei modernen Paaren, weil viele Frauen noch daran hängen, dass eigentlich sie es sind, die sich ums Kind zu kümmern haben. Manche Frauen können davon noch nicht loslassen. Der Mann sagt: »Wenn wir sagen ›gemeinsam‹, dann muss es auch gemeinsam sein.« Da kommt die Frau als Mutter häufig nicht mit klar und verteidigt ihre vermeintliche Vorherrschaft. Dafür ist es wieder wichtig, Vorbilder zu haben, wo es schon anders läuft, und Freunde, die als Gesprächspartner zur Verfügung stehen.

Oft werden Paare, bei denen beide ihre Karriere weiter verfolgen und die trotzdem Kinder haben, angefeindet. Nicht selten wird die Frau als Rabenmutter abgestempelt.

Andreas Goosses

Jedes andere Modell stellt das eigene Modell in Frage. Das erzeugt Ärger und Neid. Da trauen sich andere, was man sich selbst nicht traut, und schon ist der Konflikt da. Das neue Modell wird bekämpft.

Werden in Zukunft aufgrund der gesellschaftlichen Entwicklung zwangsläufig mehr Paare auf Augenhöhe sein?

Zwangsläufig passiert gar nichts. Und es gibt auch erneut Bestrebungen, am herkömmlichen Modell festzuhalten. Diese Tendenz ist verbreitet, und wenn man ins Ausland guckt, ins europäische wie auch nach Amerika, umso mehr.

In vielen Gesellschaften existiert nach wie vor die traditionelle Rollenverteilung. Oft wird die Religion herangezogen, um traditionelle Rollenmuster zu zementieren.

Und es gibt immer noch genug Frauen, die sagen: »Ich bin froh, zu Hause zu bleiben«, denn es ist ja auch mit einem erhöhten Druck verbunden, beides zu schaffen, Beruf und Kind.

Jeder sollte die Freiheit haben, selbst zu entscheiden. Mir geht es um die Vielfältigkeit der Lebensformen. Es kann nicht nur eine Lebensform richtig sein. Man muss die Toleranz haben, auch anderen Modellen ihre Existenzberechtigung zuzugestehen.

Was heißt das für Paare?

Sich auch als Paar einen eigenen Weg zu suchen. Eigene Schwerpunkte zu setzen und die Vorteile zu sehen. Das ist sehr schwer. Männerberatung muss immer wieder dort ansetzen, klar zu machen, dass es auch Vorteile gibt, wenn die Rollen anders verteilt sind.

Es gibt übrigens noch eine weitere Untersuchung, die für Veränderungen spricht. Denn Männer sterben sechs Jahre früher als Frauen. Dazu gibt es eine Studie über Männer und Frauen, die im Kloster leben, also gleichen Lebensbedingungen unterworfen sind.

Dabei ist herausgekommen, dass Frauen im Kloster genauso lange leben wie außerhalb des Klosters. Hingegen die Männer im Kloster durchschnittlich fünf Jahre länger leben.

Ich rate deshalb nicht den Männern, ins Kloster zu gehen, sondern sich Gedanken über ihren Lebensentwurf zu machen. Es sind nachgewiesenermaßen nicht die biologischen Determinanten, die Männer eher sterben lassen, sondern ein riskanter und risikoreicher Lebensstil. Es geht um die Lebensqualität, die sich Männer nicht entgehen lassen sollten.

»Ich fordere Bewusstsein, Wahrnehmung und Einmischung bei einer Frau regelrecht ein. Wenn eine Frau diese Eigenschaften nicht hätte, wäre ich nach drei Wochen weg«

Foto: © Sentana Filmproduktion GmbH

Dr. Michael Verhoeven (68), Ehemann der Schauspielerin Senta Berger

Seit 1966 ist Dr. Michael Verhoeven, Schauspieler, Regisseur, Produzent und Arzt, mit der Schauspielerin Senta Berger verheiratet. Wir treffen uns in dem lichtdurchfluteten Wintergarten der Sentana Filmproduktion in München, die er 1965 gegründet hat. Die Räume der Produktionsfirma strahlen den Charme vergangener Jahre aus. Nichts ist modern, gelackt oder aufgeräumt. Auf den Schreibtischen stapeln sich Papier, Bücher, Manuskripte. Der Umgangston ist vertraut, freundlich und locker. Essensgeruch weht durch den Flur. Man kocht selbst. Und man spürt, hier arbeitet ein Team, das gut miteinander klarkommt. Michael Verhoeven hatte sich sofort nach meiner Anfrage bereit erklärt, mir ein Interview zu geben, obwohl er mit seinem Buch »Paul, ich und wir« auf Lesereise ist. »Ich finde die Thematik sehr sympathisch, weil meine Frau und ich uns wechselseitig zur Seite stehen.« Was Michael Verhoeven erzählt, ist differenziert und wohl durchdacht.

Meine Frau ist selbstbewusst und streitbar. Sie will keine Erwartungen erfüllen. Sie ist, wie sie ist. Eine authentische starke Persönlichkeit. Und ich fordere Bewusstsein, Wahrnehmung und Einmischung bei einer Frau regelrecht ein. Wenn eine Frau diese Eigenschaften nicht hätte, wäre ich nach drei Wochen weg.

Öffentlichkeit jedoch ist für meine Frau – heute weniger als früher – immer noch anstrengend. Denn die »glamouröse« prominente Frau, wie Senta nach außen dargestellt wird, ist sie nicht. Das ist nicht mal eine entfernte Verwandte von ihr. Sie hat zu öffentlichen Themen eine Meinung und kann sie auch äußern, aber richtig sie selbst ist sie erst wieder, wenn sie die Tür hinter sich zumachen kann.

Mir war immer bewusst, dass ich einen großen Schutz hatte durch die Tatsache, dass ich relativ früh hinter die Kamera gewechselt hatte. Den Schutz der Anonymität. So konnte ich eigentlich immer durch die Stadt gehen, ohne dass die Leute sich umgedreht haben, was Senta nie konnte und bis heute nicht kann. Sie fühlt sich beobachtet und muss sich kontrollieren. Mir ist das Erkanntwerden meistens wurscht. Ich werde allerdings nicht behelligt. Meine Frau hat mir oft Leid getan. Sie wird manchmal richtig belästigt. Ich fahre beispielsweise wahnsinnig gern Eisenbahn. Das kann man meiner Frau gar nicht antun. Sie wird ständig beobachtet und angesprochen. Im Flugzeug geht es.

Es ist schade, dass sie wenig privat sein kann in Situationen, wo sie außerhalb der eigenen vier Wände ist. Sie ist auch trotz der vermeintlichen Routine vor jedem Auftritt angespannt, hat Ängste, wie sehr viele Künstler. Erst wenn ein Auftritt vorbei ist und sie wieder nach Hause gehen kann, fühlt sie sich wohl.

Als Senta und ich uns kennen gelernt haben, war sie noch nicht so bekannt und erfolgreich wie heute. Was meine Frau damals beruflich geleistet hat, war für mich nicht besonders aufregend. Es war ungefähr das, was mein Vater gemacht hat, was meine ältere Schwester Lis gemacht hat, was meine Mutter gemacht hat, was ich selber gemacht habe.

Ich habe sie zu einem Zeitpunkt kennen gelernt, als ich wahrscheinlich schon mehr Rollen gespielt hatte als sie, einfach, weil ich ein paar Jahre älter bin und zudem nicht – wie sie – auf die Schauspielschule gegangen bin, sondern gleich in den Beruf hineingesprungen bin. Aber ich habe gesehen, dass sie sehr gut spielt. Was Senta in ihrem Beruf gemacht hat, hat mich von Anfang an interessiert. Es war zwischen uns immer ein Thema. Es ging um die gemeinsame Arbeit, unsere Einstellung dazu. Aber ich war nicht »beeindruckt« von ihrer Karriere. Ich habe immer viel von dem gehalten, wie Senta ihren Beruf ausübt, von ihrem Können, aber das war nicht der Grund, warum ich mich für sie interessiert habe.

Ich habe mich für sie als Frau, als Person und Persönlichkeit interessiert.

Sie ist eine sehr schöne Frau, aber ich habe erlebt, wie sie darunter gelitten hat, dass man sie in den frühen Jahren nach ihrem Aussehen eingeordnet hat. Ich stamme ja noch aus einer Zeit, wo das sehr negativ besetzt war, wenn eine Frau ausgesprochen hübsch war.

Es wurde noch schlimmer, als Senta in Hollywood arbeitete und dort einen festen Vertrag mit der Columbia hatte. Wegen des US-Vertrags war sie in dem Umfeld, aus dem ich kam, dem deutschen »Jungfilm«, anfangs diskreditiert. Wir »Jungfilmer« hatten den Anspruch, etwas zu tun, was am Leben nah dran und gesellschaftlich wichtig ist. Senta hatte mit »Hollywood« für damalige Verhältnisse und diese Kreise den schlimmsten Background, den man nur haben konnte.

Heute kann man sich mit Hollywood schmücken. Damals war Hollywood schlecht angesehen und wurde ironisiert. In den 50er und 60er Jahren wurde über Hollywood und dass man dort arbeitet, eine absolute Häme ausgegossen. Es war keine besonders gute Zeit für Senta in Deutschland.

Und das bringe ich zusammen mit der damaligen Einstellung der Frau gegenüber. Die Gesellschaft war damals noch nicht so weit, der Frau eine selbstbestimmte Rolle zuzugestehen. Zum Frausein darf doch wohl eine gewisse Schönheit gehören, oder? Das sehen wir schon im guten alten »Faust«. Aber Schönheit wurde damals für Schauspieler zu einer Kategorie gemacht. Zu einer negativen. Wenn eine Frau in Sack und Asche ging, wurde sie eher akzeptiert und für gute Rollen besetzt, als wenn sie hübsch war.

Senta hat darunter gelitten. Aber sie konnte sich doch nicht partout hässlich machen.

Ich habe die Senta eigentlich nicht als »starke Frau« empfunden. Weil sie die gleichen Unsicherheiten in ihrer Arbeit hatte, die ich auch von anderen Schauspielerinnen kannte, die ich von meiner Schwester kannte. Die Unsicherheit ist wichtig, sie bedingt das Suchen und ist ein sehr kreatives Potenzial. Ich schätze diese Unsicherheit und habe Senta oft ermutigt, etwas zu machen, wovon sie lieber Abstand genommen hätte. Sie hat sich manchmal zu wenig zugetraut. Während ich das Gefühl hatte, dass sie das sehr wohl kann.

Ich habe Senta in den frühen Jahren nicht unbedingt als starken Menschen erlebt. Als Persönlichkeit ja, aber das ist etwas anderes. Ihre starke Persönlichkeit hat sie in den über 40 Jahren, die wir zusammen sind, weiterentwickelt.

Aber gerade ihre Schwächen habe ich als positiv wahrgenommen und sehr gemocht. Sie hat ja daran zeitlebens gearbeitet. Ich habe diese Frau einfach immer geschätzt und lieb gehabt. Aber ich war nicht beeindruckt von dieser Gloriole, die um Künstler gelegt wird. Sie hatte im Beruf und in ihrem Privatleben niemals etwas Unnatürliches an sich. Sie war und ist völlig »normal« und sie hat es mir immer sehr leicht gemacht, auch meine eigenen Bedürfnisse und Schwächen zu zeigen. Ich musste nie eine »Rolle« spielen.

Wir haben uns beide verwirklicht, ohne dass wir bewusst gesagt hätten, wir müssen das tun. Wir hatten für unsere eigene Person niemals einen emanzipatorischen Ansatz. Es war klar, dass jeder seinem Beruf nachgeht.

Senta hatte es damals etwas leichter, weil sie »nur« ihren Schauspielberuf hatte, während ich zwei Berufe hatte. Ich wollte beides machen, Schauspieler und Arzt sein. Das habe ich ein paar Jahre durchgehalten. Aber auf die Idee, von meiner Frau zu verlangen, zu Hause zu bleiben, wäre ich nie gekommen. Dabei ist dieses »zu Hause wirken« auch eine Qualität, die ich an ihr schätze. Das Leben zu Hause ist wichtig. Familie ist wichtig. Wir haben unsere Kinder gemeinsam erzogen.

Wir haben immer jede Gelegenheit wahrgenommen, zusammen zu sein, waren nie lange getrennt. Als Senta in Hamburg Theater gespielt hat, haben die Kinder es gar nicht gemerkt. Sie kam mit der ersten Maschine morgens nach München und saß dann mit der Familie am Frühstückstisch. Gegen Abend flog sie wieder nach Hamburg.

Solange unsere Kinder nicht in der Schule waren, sind sie mitgereist, wenn Senta gedreht hat. Ich war, sooft ich konnte, dabei. Wir haben bewusst und geplant immer so viel Zeit miteinander verbracht, wie irgend möglich. Als Senta in Amerika gedreht hat, war ich ein halbes Jahr in L. A. im Krankenhaus beschäftigt. Wenn sie auf Tournee war, ging das Zusammensein manchmal nicht. Aber wir sind uns entgegengereist, sooft es möglich war. In unserem Beruf muss man halt ein bisschen mehr planen, aber es geht immer irgendwie.

Was den Haushalt anging, sind wir von Sentas Mutter ziemlich verwöhnt worden. Sie ist ja sehr alt geworden, 99 Jahre. Eine wichtige Frau in unserer Familie, aber ganz besonders für Senta, denn die »Resi«, wie wir sie nannten, hatte eine natürliche, selbstverständliche, selbstbewusste Art, ohne zu dominieren. Sie hatte ein klares Entscheidungstalent, eine gute Intuition dafür, was gut, was richtig ist. Sie war nicht besonders belesen, hatte zwar ein Theaterabonnement, wie das für Menschen in Wien typisch ist, aber sie war den einzelnen Aufführungen gegenüber nicht besonders kritisch. Sie hatte auch keine künstlerischen Talente. Aber sie war lebensklug und praktisch. Verheiratet war sie mit einem Komponisten.

Mein Schwiegervater hat wunderschöne Wiener Lieder komponiert, aber er war sehr erstaunt, als ich sagte, mach doch einmal etwas für mich. Er hat dann Filmmusiken komponiert. Sentas Mutter konnte seine musikalische Qualität nicht einschätzen. Sie hat das bewusst getrennt. Er war künstlerisch jemand und sie war jemand im Kreis der Familie. Die »Resi« musste immer beide Füße auf dem Boden haben. Und mit ihrer positiven Einstellung zum Leben war sie für Senta immer ein Vorbild.

Meine Mutter hätte diese Rolle für uns nie spielen können, denn sie war total fixiert auf den Paul, meinen Vater. Das hat uns Kindern eine gewisse Freiheit verschafft, weil wir nicht ständig im Blickfeld der Eltern standen. Andererseits war der Paul äußerst anspruchsvoll, was seine Kinder anging. Allerdings weniger im schulischen Bereich, den hat er uns selbst überlassen.

Wir durften leider keine Kinder mit nach Hause bringen. Das wären Störungen der Konzentration meines Vaters auf seine Arbeit gewesen, wenn er über Theaterstücken oder Drehbüchern saß. Wir haben früh verstanden, dass Künstler oft belastet sind, und haben auch akzeptiert, dass das zu diesem Beruf gehört. Dass man da oft unter hohem Druck steht. Die Belastung wurde nicht selten an uns Kinder weitergegeben.

Dass Senta eine unbelastete Kindheit hatte, kam dadurch, dass die Eltern immer alles »toll« fanden, was sie machte. Senta ist wildwüchsig, aber behütet aufgewachsen. Bei ihr zu Hause ging es vor allem darum, sind Papas Hemden gebügelt und ist das Kind glücklich?

Als ich das Buch schrieb »Paul, ich und wir«, habe ich mich bewusst an Paul, meinen Vater, erinnert, der ein sehr guter Gesprächspartner war und sich mit mir besonders über die Rolle der Frau oft und gern unterhalten hat, weil meine Mutter eine wirklich starke Frau war. Dennoch hat sie ihren Beruf als Schauspielerin völlig eingestellt, als sie geheiratet und dann uns drei Kinder bekommen hat. Paul war ja beruflich immer irgendwo unterwegs.

Für mich ist es bis heute absolut unbegreiflich, wie sie ihre Rolle in der Familie gesehen hat. Ihre Rolle als Hausfrau und Mutter passte nicht zu dem, was ich an ihr als Persönlichkeit erlebt habe, als starke und selbstbewusste Frau. Sie hat ihren Beruf aufgegeben, in dem sie damals genauso erfolgreich und gut war wie Paul. Deshalb war diese Entscheidung für mich unfassbar. Ich glaube, sie hat auch selbst unter dem Verzicht auf den Beruf gelitten. Sie hat dann nach 20 Jahren auf Initiative von Axel von Ambesser wieder angefangen zu spielen. Mit Heinz Rühmann als Partner. Da hat sie den Paul gefragt und der hat das natürlich »erlaubt«, war aber erstaunt, dass sie dann tatsächlich aufgetreten ist.

Mein Vater war ein typischer Mann seiner Zeit. Er hat sein männliches Rollenverhalten voll ausgelebt, hat beispielsweise auch Freundinnen gehabt. Meine Mutter hätte sich keinen Seitensprung leisten dürfen, übrigens auch nicht wollen. Aber es hat mich immer schon beschäftigt, wie wir in unserer Tradition in Mitteleuropa, auch in

Deutschland, diese Zurücksetzung der Frau immer weiter kultivieren, trotz der vermeintlichen Gleichberechtigung.

Ob das Rollenmuster meiner Eltern meine Entscheidung, wie ich meine Partnerschaft lebe, beeinflusst hat, weiß ich nicht. Man weiß ja nicht, warum man sich so oder so verhält, und ich habe auch nicht bewusst gesagt, das mache ich jetzt so. Ich glaube jedenfalls doch, dass die Erziehung und das Vorbild in der Familie großen Einfluss hat.

Nach wie vor sehe ich, dass bei uns in Deutschland die klassische Rollenteilung vorherrscht. Der Mann geht raus, kämpft um das Wohl der Familie und macht »Karriere«, während die Frau das Haus hütet. Ich glaube nicht daran, dass der vielbeschworene Rollenwechsel wirklich stattgefunden hat. Dass dies so ist, sehen Sie schon daran, das die Frau in vielen Bereichen für die gleiche Arbeit noch immer schlechter bezahlt wird als der Mann.

Es gibt sicher Ansätze, weil sich mit der Studentenbewegung die Gesellschaft enorm geöffnet hat. Unter Kohl sind dann wider Erwarten auch einige Frauen in hohe Positionen gekommen. Doch Frauen, die in der Gesellschaft eine besondere Rolle spielen, sind immer noch Ausnahmen. Es gibt bekanntlich Kulturen, die die Frau noch stärker degradieren. Aber wir haben schon noch eher das Bild, dass die Frau dem Mann den Rücken freihalten soll.

Wenn ich überlege, ob das umgekehrt auch so ist, dass der Mann der Frau den Rücken freihält, dann ist das selten der Fall.

In Künstlerfamilien – und ich komme ja aus einer solchen – sieht die Rollenverteilung oft anders aus. In unserem Beruf werden wir ja aus dem klassischen Verhalten schon dadurch herausgenommen, weil der Beruf besondere Regeln hat. Und es gab schon immer selbstbewusste und gesellschaftlich wirksame Künstlerinnen.

Bei Schauspielern kommt es auch auf die gespielte Rolle an. Was man in den Rollen tut, wird gesehen. Daraus kommt die Vorstellung, die Schauspieler sind wie ihre Rollen. Obwohl die private Person mit ihrer Rolle meistens gar nichts zu tun hat. Es entsteht aber in der Öffentlichkeit ein Erscheinungsbild, das die Schauspieler dann auch oft genug selbst bedienen.

Das gibt es in anderen Berufen in dieser Form nicht. In meinem Beruf als Arzt hatte ich viel zu tun mit Ärztinnen, Chirurginnen und Professorinnen. Die sind natürlich auch nach außen orientiert, aber es gibt eine andere Wahrnehmung dieser Frauen. Die werden nicht so beispielhaft gesehen wie Schauspielerinnen oder andere sogenannte Prominente.

Heute sind sogar Models prägend als Vorbilder. Als ich jung war, hießen die noch »Mannequins« und waren in den Rubriken der Zeitschriften »Leute« »Ganz privat« oder »Gesellschaft« eher selten dargestellt.

Man hat damals staunend nach Amerika geschaut, wo Hedda Hopper sehr indiskret über prominente Menschen schrieb und man anfing, Leute auf Fotos in einer Situation einzufangen, die möglichst privat war. Wenn es ums Optische ging, sind es meist die Frauen gewesen, die man versucht hat zu »erwischen«. Vielleicht, weil die Frau attraktiver ist als der Mann, aber zum Nachteil der Frau, denn sie wird ja bewusst bloßgestellt.

Wenn eine Frau privat, dazu noch heimlich fotografiert wird, kann man davon ausgehen, dass sie sich so nicht gern sehen würde. Aber in der Öffentlichkeit gibt es einen regelrechten Jagdtrieb. Die Fotojournalisten würden das vielleicht nicht machen, wenn dieser öffentliche Voyeurismus, diese Erwartungshaltung, dieses Bedürfnis nach Indiskretion nicht da wäre. Dass dieses Phänomen heute stärker denn je ist, ist für mich auch ein Indiz, dass sich seit meiner Jugend nicht so viel geändert hat.

Ich würde gesellschaftlich am liebsten keinen Unterschied sehen zwischen Mann und Frau. In meinen Filmen sind die Protagonisten sehr oft weiblich. Ich versuche, gegenzusteuern. Wie in »Ein unheimlich starker Abgang«, wo ein Mädchen abgetrieben hat. Sie ist verurteilt worden und niemand hat gefragt, warum sie abgetrieben hat. Die Richter und die Gesellschaft haben den Stab über sie gebrochen. Dass sie von ihrem Freund in diese verzweifelte Situation gebracht worden war, danach wurde nicht gefragt. Dieser Film hat noch im Jahr 1973 zu einem Skandal geführt. Auf einem Festival in Italien, wo die Abtreibung damals ein heißes politisches Thema war. In Italien ist der Einfluss der katholischen Kirche natürlich größer als hier.

Ich bin 1968 aus der Kirche ausgetreten. Ich war und bin der Meinung, dass das Pillenverbot des Papstes in erster Linie gegen die Sexualität der Frau gerichtet ist. Ich bin durch meine Kindheit und Jugend mit diesen christlichen Inhalten sehr vertraut. Ich bin heute gewissermaßen ein ungehorsamer Christ. Ich kann auch nicht akzeptieren, dass ein Priester nicht heiraten darf.

Senta und ich helfen uns gegenseitig. Wenn man in diesem Beruf etwas macht, hat man ja immer mehrere Alternativen, wie man es macht, und das besprechen wir. Oft sind wir am Ende des Gespräches ganz verschiedener Meinung. Gerade über »Frauenbilder« haben Senta und ich häufig anhand von Rollen diskutiert. Damals, als ich »die schnelle Gerdi« geschrieben habe, wurde ja gesagt, ich hätte meiner Frau die »Rolle auf den Leib geschneidert«. Das war totaler Unsinn. Der Reiz der Rolle war ja gerade, dass die Senta nicht ist wie die Gerdi. Die interessantesten Rollen sind ja immer die, die von der eigenen Person weit entfernt sind. Solche Rollen sind in der Gestaltung eine viel größere Herausforderung.

Wir haben viel diskutiert, warum verhält die Gerdi sich so? Wieso lässt du jetzt die Gerdi das sagen? Und da haben wir vieles sehr unterschiedlich gesehen und auch gestritten. Gegenüber meiner Kritik ist Senta aber nicht allzu empfindlich, die braucht sie und sie hat eine große Bereitschaft zu lernen. Sie übt genauso an mir Kritik. Ich brauche diese Kritik ebenfalls.

Beruflich machen wir wenig gemeinsam und ich will, dass das immer etwas Besonderes bleibt. Das soll keine Routine werden. Es gibt ja solche Partnerschaften, wo man weiß, »er« macht die Regie und »sie« spielt die Hauptrolle. Das möchte ich nicht.

Dr. Michael Verhoeven

Senta ist eine großartige Schauspielerin, sie ist sehr belastbar – das ist ein wichtiger Punkt bei der Arbeit. Sie lässt sich führen und das spart viel Zeit beim Drehen. Sie ist keine große Diskutiererin, auch nicht, wenn sie sich eine Szene ganz anders vorgestellt hat. Sie ist bereit, es ganz anders zu machen.

Unsere Söhne haben schon gesehen, dass es harte Arbeit ist, wenn man den Beruf des Schauspielers ernst nimmt, dass nicht alles Easy Going ist, dass man auch kämpfen muss. Manchmal ist dieser Beruf mit großem materiellem Verzicht verbunden. Wenn man für schlechte Rollen viel Geld angeboten bekommt und sie leider ablehnen muss, denn das muss man.

Unsere beiden Söhne haben sicher ein munteres Elternhaus erlebt, wenngleich ihre materielle Ausstattung immer geringer war als die der Freunde. Wenig Taschengeld, sie waren unzufrieden mit unseren Autos, weil wir immer Ente fuhren, während die Väter der Freunde einen Porsche hatten. Wir haben diesen Glamour, der in diesem Beruf auch sein kann, nicht praktiziert.

Mit der Karriere ist das so ein Geschichte. Karriere ist ja von vielen unwägbaren Faktoren abhängig. Und es stellt sich die Frage, ob eine Karriere das ist, als was sie erscheint. Es gibt grandiose Schauspieler, die an einem Theater arbeiten, dort sehr geschätzt werden, aber den gesellschaftlichen Status des Prominenten nicht haben. Vielleicht wollen sie ihn auch nicht haben. Es gibt viele, die sich in der Öffentlichkeit bewusst zurückhalten. Man kann von den sogenannten Ikonen, die häufig in den Gazetten erscheinen, nicht wirklich Rückschlüsse ziehen, auf einen Beruf, auf eine Karriere, auf eine Qualität.

Dass meine Frau und ich 40 Jahre verheiratet sind, wird oft als etwas Besonderes angesehen. Ich kann nicht wirklich eine Antwort darauf geben, warum es mit uns beiden so gut geht. Na ja, erst einmal, dass Senta eine interessante attraktive und erotische Frau ist. Ich hätte keine bessere Wahl treffen können.

Natürlich habe ich mir damals vor 40 Jahren nicht denken können, dass wir so lange zusammenbleiben würden. Aber je länger ich mit meiner Frau zusammen war, umso interessanter fand ich sie, ich habe immer wieder neue Seiten an ihr entdeckt. Was allerdings in der Wahrnehmung des Publikums an Senta interessant ist, das kann ich gar nicht einschätzen. Was an ihr von anderen geschätzt wird, weiß ich gar nicht. Ich höre oder lese über meine Frau und staune.

Mit »Stolz« auf meine Frau habe ich es nicht so, aber ich genieße es, mit ihr zusammen zu sein, und wir erkämpfen uns so viel Zeit miteinander, wie es irgend geht.

Meine Frau ist eine ganz integre Person, die sich nie für etwas verkaufen würde, von dem sie nicht überzeugt ist. Sie ist kein Fähnchen im Wind, hat ihre Überzeugung, ist aber auch bereit, sie gegen eine bessere abzugeben. Ich schätze an ihr besonders ihre Ehrlichkeit. Sie ist nicht zynisch und ihr ist nichts gleichgültig, sie geht nicht vorbei an Dingen, die für andere Leute schmerzhaft sind. Sie ist einfach wunderbar.

**»Ich gehöre nicht zu den Männern,
die ihr Selbstwertgefühl aus einem Gefälle
gegenüber der Partnerin beziehen müssen«**

Hannes Rieckhoff (61), Ehemann der Schauspielerin
Thekla Carola Wied

Thekla Carola Wied lernte ich schon vor 21 Jahren persönlich ken-
nen. Da war ich noch Lokalredakteurin bei der »Westfalenpost« in
Ennepetal und kein Prominenter, der die kleine Klutertstadt am
Rande des Ruhrgebietes besuchte, kam an mir vorbei. Ich hatte
nämlich die Serie erfunden: »Wo Sie schon mal hier sind ...«. In
Ennepetal fanden regelmäßige Vorstellungen von Tourneetheatern
statt. Bei einer dieser Vorstellungen konnte ich Thekla Carola Wied
in ihrer Garderobe interviewen und war beeindruckt von ihrer gro-
ßen Freundlichkeit und Geduld. 21 Jahre später nun habe ich ihren
Ehemann, Hannes Rieckhoff, in München im Hotel Bayrischer
Hof getroffen, der sie damals noch gar nicht kannte. Er schilderte
mir seine Frau genauso, wie ich sie in unserer Lokalausgabe be-
schrieben hatte. Hannes Rieckhoff, der eine große Freude an
Sprache hat, erzählte druckreif, und es war eine Freude, ihm zu-
zuhören.

Wie haben Sie sich eigentlich kennen gelernt?

Unser Kennenlernen ist eine hübsche Geschichte, die wir normaler-
weise, wenn wir sie erzählen, mit verteilten Rollen sprechen. Mit der
Bekanntheit meiner Frau hatte ich nie irgendwelche Schwierigkeiten, denn ich kannte sie gar nicht. Anfang der 90er Jahre gehörte ich
zu den wenigen Menschen in dieser Republik, die noch nichts von
ihr gehört hatten. Das hing mit meiner Fernsehabstinenz zusammen, die sich vor allem auf Unterhaltungsstoffe bezog. Ich hatte mir
bis dahin noch nie eine Serie angesehen.

Ich war zu der Zeit, als ich ihr begegnete, Oberbürgermeister
von Backnang. Eines Tages kam meine Sekretärin Frau Ehinger, eine
sehr nette Dame, mit meinem Wochenendprogramm zu mir. In diesem Beruf hat man ja auch am Wochenende viele Termine. Am Ende
der Liste, am Sonntagabend, stand eine musikalisch-literarische Soiree. Ich sagte zu meiner Sekretärin: »Wenn ich irgendetwas nicht

mache, dann ist es, am Sonntagabend zu einer musikalisch-literarischen Soiree zu gehen.«

Die Antwort war: »Da müssen Sie hin, Sie sind nämlich der Gastgeber.« Ich fragte: »Wer kommt denn da?« Frau Ehinger antwortete: »Frau Wied!«, und ich fragte: »Wer ist das?« Meine Sekretärin meinte: »Was sind Sie für ein ungebildeter Mensch«, und erklärte mir, wer Frau Wied sei.

Ich bin dann pflichtschuldig hingegangen. Thekla hielt eine sehr schöne Lesung über Klabund. Ein relativ unbekannter Dichter der 20er und 30er Jahre. Einer der »verbrannten« Dichter, von den Nazis verfemt. Ich kannte ihn, denn er hatte wunderschöne Nachdichtungen japanischer und chinesischer Lyrik geschrieben.

Das war der Anlass für ein nachträgliches Gespräch und auf diese Weise sind wir in Kontakt gekommen. Beim Reden haben wir dann festgestellt, dass wir gleich alt sind und dass Thekla in München lebt, während ich in München Jura studiert hatte. Nach diesem anregenden Plaudern wollte ich sie noch einladen, aber sie hat mir einen Korb gegeben. Angeblich war sie mit ihrer Agentin verabredet.

Nach dieser Begegnung hatte ich die Empfindung, ich müsste den Kontakt mit ihr suchen, und habe darüber nachgesonnen, wie ich das anstellen könnte. Das war schon ein halb absichtsvoller, halb bewusster Akt. Der Zufall kam mir zu Hilfe. In meiner Bibliothek fand ich ein wunderschönes antiquarisches Bändchen mit diesen Nachdichtungen des Klabund und das schickte ich ihr mit einer Nachricht, dass ich mich über eine Rückmeldung sehr freuen würde.

Sie hat sich tatsächlich gemeldet.

Ich habe später erfahren, dass sie einen kleinen Familienrat mit ihren beiden Schwestern einberufen hat, und die haben analysiert, ob es sich bei mir um einen ihrer vielen landläufigen Fans handeln könnte. Man kam dann aber zu dem Ergebnis, dass das bei meinem Beruf eher unwahrscheinlich wäre. Und so ist der weitere Kontakt zustande gekommen, wobei wir uns sechs Wochen lang nur litera-risch begegnet sind, wir haben uns nämlich Briefe geschrieben.

Thekla drehte irgendwo einen Film und ich musste einer Partner-stadt in Ungarn einen Besuch abstatten. Hin und wieder haben wir telefoniert. Am Telefon haben wir mit einem Piccolo auf der einen und einem Campari auf der anderen Seite das »Du« herbeigeführt. Wir haben uns ausgemalt, wie es sein würde, wenn ich sie in Berlin besuchen komme. Im Mai 1991 war es dann so weit, ich bin nach Berlin geflogen.

Ein Dreivierteljahr später waren wir verheiratet. Natürlich habe ich mich bemüht, meine unverantwortliche Unwissenheit auf dem Gebiet der Fernsehserien zu beseitigen. Damals wurde die Serie »Ich heirate eine Familie« wiederholt. Die ebenfalls ganz reizende Serie »Wie gut, dass es Maria gibt« drehte sie gerade. Damit bin ich dann langsam in dieses Metier hineingewachsen.

Wie würden Sie Ihre Frau beschreiben?

Meine Frau ist die wunderbarste Frau der Welt. Ich erfreue mich an ihrem Aussehen. Ich finde sie schön und attraktiv. Ich schätze ihren Humor und ihre unglaubliche Freundlichkeit, gepaart mit einem fast immer gleichbleibenden psychischen Temperament.

Ich bin ein Mensch, der, was die Stimmungen angeht, gewissen Schwankungen unterliegt, die gelegentlich auch etwas stärker sein können. Thekla dagegen ist ein Mensch, der – von extremen Belas-tungssituationen abgesehen – von morgens bis abends ausgeglichen ist. Das hat sie einfach als Anlage mitbekommen. Sie ist ein Mensch, mit dem man einfach sehr gut leben kann.

Sie macht die Dinge nicht unnötig kompliziert. Natürlich muss über schwierige Fragen auch gesprochen werden und Probleme müssen gelöst werden. Aber es gibt Menschen, die in allem und jedem ein Problem wittern, sich permanent selbst umkreisen. Das machen wir nicht. Wir können auch mal Fünfe gerade sein lassen.

Diese gleichbleibende moderate Gestimmtheit, die sie auszeichnet, ist außerordentlich hilfreich.

Sie hat auch Witz, lacht furchtbar gern. Als Berlinerin hat sie einen sehr fixen, staubtrockenen und für Nichtberliner manchmal sogar gewöhnungsbedürftigen, schnellen Humor – gelegentlich knapp unter der Verletzungsgrenze. Ich bin in Baden-Württemberg groß geworden, bin zur Hälfte Schwabe auf der mütterlichen Seite, die väterliche stammt von der Insel Rügen, also aus Vorderpommern, wie das früher hieß. Ich glaube, dass mir die Humorebene auch nicht verschlossen ist, und so sind Ironie und Humor bei uns geradezu ein Lebenselixier.

Beides sind wichtige Lebenseinstellungen, ja Weltanschauungen, die wir teilen. Dadurch lassen sich auch lebenstechnisch verregnete Tage sehr viel besser meistern. Wir haben viele gemeinsame Interessen, ob es Literatur ist oder Theater. Fernsehen selbstverständlich. Auch Reisen und das Wandern.

Ihre Frau ist prominent und beruflich erfolgreich. Eine starke Frau. Nicht jeder Mann käme damit zurecht.

Ich habe vom lieben Gott und durch die Erziehung in der Familie ein maßvolles und für meine Umgebung gerade noch erträgliches Selbstbewusstsein mitbekommen. Mich hat meine Mutter sehr geprägt. Auch sie war eine starke Frau, wobei das keineswegs bedeutet, dass sie etwa geklammert hätte.

Meine Mutter war die Erste in der Stadt, die einen Führerschein hatte, die studiert hat. Sie hatte später drei Kinder und hat den Haushalt zwar geschmissen, aber ohne sich darauf zu beschränken. Sie war uns Kindern eine gute Gesprächspartnerin und für mich ganz besonders. Ich entsprach in Kindheit und Jugend nicht immer den elterlichen Erwartungen. Ich hatte als einziger Sohn – die beiden jüngeren Geschwister sind Mädchen – die üblichen Schwierigkeiten mit meinem Vater, der auch ein beeindruckender Charakter war.

Es war von Kindesbeinen an eine klare Sache, wenn die Schule beendet ist, geht's raus in die Welt und nicht nur in die Nachbarstadt. Ich war dann bei der Marine und habe anschließend an unterschiedlichen Orten studiert. Gott sei Dank hat Thekla meine Eltern noch kennen gelernt und die waren sehr froh, dass wir uns gefunden haben.

Und ich bin glücklich darüber, dass Moritz, Till und Franziska, meine fast erwachsenen Kinder aus früherer Ehe, zu ihrer »Ramu« (Kosename von »Rabenmutter«) ein vertrautes und liebevolles Verhältnis haben.

Wie empfinden Sie es, eine ebenbürtige Partnerin zu haben?

Es lag schon auch an meiner Erziehung, dass ich nicht zu den Männern gehöre, die ihr Selbstwertgefühl aus einem Gefälle gegenüber der Partnerin beziehen müssen. Deshalb ist für mich eine Konstellation der Gleichwertigkeit der Partner – wobei gleichwertig nicht bedeutet, dass man den gleichen Dingen nachgeht, sondern ein Zustand genereller intellektueller Gleichwertigkeit – ein sehr schöner, richtiger und guter Zustand. Im Grunde genommen ja auch die Voraussetzung, aus der sich unsere Gespräche ergeben. Wir haben Gesprächsstoff ohne Ende und der sammelt sich besonders an, wenn meine Frau unterwegs ist und wir uns nur am Wochenende in Berlin oder Hamburg sehen. Abends nach Drehschluss tauschen wir uns in ziemlich langen Telefonaten aus. Für uns ist auf Augenhöhe sein ein natürlicher Zustand und wir genießen das.

Ist es nicht gewöhnungsbedürftig, mit einer prominenten Frau verheiratet zu sein?

Durch die zufälligen Fügungen meiner Berufswahl habe ich unbeabsichtigt eine gute Vorbereitung bekommen, was es heißt, mit den Medien und mit der Öffentlichkeit umzugehen. Anfang der 80er

Hannes Rieckhoff

Jahre war ich vier Jahre lang Pressesprecher des damaligen Innenministers des Landes Baden-Württemberg, Roman Herzog. Durch die Pressearbeit war ich mit den Medien vertraut und den Umgang mit Journalisten gewöhnt. Als ich Oberbürgermeister war, habe ich erst richtig das Gefühl kennen gelernt, in der Öffentlichkeit zu stehen.

Als Oberbürgermeister in einem Städtchen mit einem Einzugsgebiet von rund 50 000 Einwohnern steht man unter permanenter Beobachtung und sozialer Kontrolle. Man steht tatsächlich im »Licht der Öffentlichkeit«. Aus diesem Grund hatte ich einen leichten Vorgeschmack, wie das sein würde, mit einer prominenten Frau verheiratet zu sein.

Ich kann mich an keine Begebenheit erinnern, wo mich die Tatsache gestört hätte, dass das Hauptinteresse bei öffentlichen Auftritten meiner Frau galt und gilt. Im Gegenteil, das hat mich amüsiert, es hat mich auch erfreut, und es ist keineswegs so gewesen, dass ich zu kurz gekommen wäre. Durch die eher erstaunlichen witzig-literarischen Anfänge unserer Lebensgemeinschaft fiel auch ein gewisses Interesse für mich ab, und das hat es mir natürlich leichter gemacht.

Andererseits habe ich, wenn wir beispielsweise in einem Lokal sind, wohl eine gewisse abschreckende Wirkung. Solange ich anwesend war, trauen sich die Leute nicht, Thekla anzusprechen. Wenn ich dann mal zur Toilette gehe und zurückkomme, ist der Tisch meist von einer Menschentraube umlagert, und meine Frau gibt fleißig Autogramme.

Ich habe aber eine eher professionelle Einstellung zu diesen Dingen. Wenn man in der Öffentlichkeit steht, kann man diese Tatsache nicht ignorieren. Hinzu kommt, dass meine Frau die Begabung einer unglaublichen Geduld und Freundlichkeit hat. Sie hat ein unerschöpfliches Reservoir an Herzlichkeit.

Das ist auch ein Thema zwischen uns. Ich bin zwar durch meinen öffentlichen Beruf in diesem Bereich auch geübt gewesen, ich musste freundlich sein, auch wenn mir nicht danach war. Aber meine diesbezügliche Kapazität ist heute nicht mehr ganz so vorhanden.

Manchmal muss ich sie regelrecht aus Belagerungen rauspauken. Wir haben uns im Laufe der Jahre auf diesem Gebiet zu einem ziemlich guten Team entwickelt. Nicht, dass ich unfreundlich wäre, aber meine Fähigkeit, ein Gespräch zu beenden, ist stärker ausgeprägt.

Freundlichkeit ist übrigens eine Eigenschaft, die nach meiner Beobachtung in unserer Gesellschaft fast verloren zu gehen droht. Da ist meine Frau eine große Ausnahme und ein Vorbild. Ihr Verhalten wirkt sich häufig auf die gesamte Atmosphäre aus. Wenn sie ihren Beruf ausübt und ich dabei bin, gibt es viele ausgesprochen herzliche Begegnungen.

Ihre Frau ist selten in Talkshows zu sehen und auch in der Klatschpresse findet man sie kaum.

Thekla gehört nicht zu denen, die unablässig die Öffentlichkeit suchen. Sie ist der Meinung, dass sie sich in erster Linie durch ihre Arbeit darstellt. Deswegen findet man sie nie in Talkshows. Es gab nur eine Ausnahme – wir waren einmal gemeinsam bei Biolek. Das war das einzige Mal in den 15 Jahren, die wir jetzt zusammen sind.

Diese Art von öffentlicher Mitteilsamkeit zu allen Themen zwischen Himmel und Erde, zu denen sich jeder glaubt äußern zu sollen, ist ihr unangenehm. Die Kultur der Geschwätzigkeit möchte sie nicht durch eigene Beiträge fördern. Das heißt nicht, dass sie sich nicht zu ihren Filmen äußert. Dazu gibt sie natürlich Interviews. Aber sie schaut sich vorher genau an, um welches Medium und um welche Ihrer Kollegen/innen es sich handelt.

Wie sieht es mit Bällen und Preisverleihungen aus?

Wir gehen auch selten zu großen Film- und Fernsehveranstaltungen. Wenn wir das allerdings tun, dann macht es mir durchaus Spaß. Wir waren bei Preisverleihungen aller Art, denn meine Frau hat schon einiges an Preisen bekommen. Wenn mir das überhaupt keinen Spaß

Hannes Rieckhoff

machen würde, hätte ich damals den Beruf als Oberbürgermeister nicht ausüben können. Auch da muss man eine gewisse Darstellungsbereitschaft haben – ohne dass ich die beiden Berufe in zu große Nähe bringen möchte. Aber diese Eigenschaft habe ich auch, und deswegen habe ich auch kein Problem mit öffentlichen Auftritten meiner Frau.

Ihre Frau ist ja viel unterwegs zu Dreharbeiten. Das heißt, Sie sind häufig getrennt, oder?

Der Schwerpunkt der Arbeit meiner Frau hat sich inzwischen verlagert. Sie hat mit Fernsehserien aufgehört, weil das doch inzwischen fast mit einem Galeerendasein zu vergleichen ist, und das hätte uns dann zu wenig Zeit für unsere gemeinsamen Aktivitäten gelassen. Seit ich nicht mehr dem aktiven Broterwerb nachgehe, sondern wieder an meiner alten Uni in München studiere – Philosophie, Geschichte und Politik, ein bisschen Literaturwissenschaft, quer durch meine Interessengebiete –, haben wir endlich die Zeit, gemeinsam Dinge zu machen. Ich studiere übrigens nicht, um ein Examen abzulegen, sondern nur zur Horizonterweiterung.

Thekla macht sehr gern literarische Lesungen. Manchmal arbeiten wir literarische Abende gemeinsam aus. Sie liest beispielsweise Briefe berühmter Eltern an ihre Kinder aus den verschiedenen Jahrhunderten, von Luther über Böll bis Jurek Becker. Theklas Hauptarbeit sind Fernsehspiele. Ernste Stoffe und auch Komödien. Das sind überschaubare Einzelprojekte und das verschafft uns mehr Spielraum für gemeinsame Unternehmungen.

Können Sie gut allein sein?

Ich kann sehr gut allein sein. Ich fühle mich niemals einsam. Das gilt übrigens ebenso für meine Frau. So gern und so intensiv wir zusammen sind, so gut können wir über mittlere Strecken auch allein sein.

Wir haben zwar all die Jahre darauf geachtet, dass es nicht zu lang wurde, dass wir uns mindestens alle zwei bis drei Wochen einmal gesehen haben. Aber es hat in den ersten zehn Jahren keine gemeinsame Zeit am Stück gegeben, die länger als fünf oder sechs Wochen war. Nach zehn Jahren waren wir zum ersten Mal ein halbes Jahr ununterbrochen zusammen. Das war eine ganz neue und interessante Erfahrung.

Man muss sich etwas anders sortieren. Man muss gewisse Gewohnheiten abgleichen. So bin ich ein – wie manche finden – sehr ordentlicher Mensch. Thekla ist etwas künstlerischer im Umgang mit ihrer Wohnumgebung, um es einmal ganz charmant auszudrücken. Das ist ein Punkt, wo man sich zusammenfinden muss. Andererseits geben solche Gegensätze Gelegenheit für witzige Situationen, wenn man die Fähigkeit hat, auch aus dem Alltagsleben Funken zu schlagen.

Wir beide brauchen eine gewisse Autonomie. Ich habe immer mal wieder Phasen meines Lebens als Single gelebt. Ich beherrsche diese ganzen hauswirtschaftlichen Kulturtechniken, bin in der Lage, mich um mich selbst und um einen Haushalt zu kümmern. Man konnte bei mir nie irgendwelche Verwahrlosungszustände feststellen. Wenn ich allein bin, bin ich sogar ziemlich gut organisiert.

Theoretisch könnten Sie ja auch mitreisen, wenn Ihre Frau dreht.

Das Hinterherreisen zu Drehorten darf man nicht übertreiben, denn so ein Drehtag ist oft ein 14-Stunden-Job und mit sehr frühem Aufstehen verbunden. Da ist es für den Partner schwierig, wenn er ins Hotel kommt und man erwartungsvoll fragt: »Und, was machen wir jetzt?«

Wenn ich Thekla beim Drehen besuche, ist es meistens so, dass wir abends Texte abhören. Ich lese die Texte sehr intensiv und kenne sie dann auch schon auswendig. Wir haben eben beide Freude am Umgang mit der Sprache und inzwischen reichlich Erfahrung.

Man kann sich also unschwer vorstellen, dass ich es bis heute nicht bereut habe, damals zu der sonntäglichen Soiree gegangen zu sein. Ich weiß sogar noch das Datum: Es war der 28. April 1991 und es ist das entscheidende Datum unserer Lebensgeschichte geworden.

»Ich bin ein lebensbegeisterter Mann und suche in einer Partnerin das Äquivalent«

Mario Ohoven (60), Investment-Banker und Ehemann der Charity-Lady Ute Ohoven

Ute Ohoven wird auch Deutschlands »Benefiz-Königin« genannt. Sie ist seit 1994 Sonderbotschafterin in der Unesco und seitdem weltweit für das Projekt »Bildung für Kinder in Not« tätig. Die Mutter von vier Kindern entdeckte ihr Herz für die Armen während eines Besuchs in einem Krebs-Kinderkrankenhaus. Seitdem hat sie viele Millionen Euro an Spenden im In- und Ausland gesammelt, besucht regelmäßig die von der Unesco betreuten Projekte in der Dritten Welt. Ihre jährliche Benefiz-Gala, zu der sie stets Prominente aus Politik, Wirtschaft und Kultur einlädt, ist legendär.

Durch ihre Mithilfe entstand das Knochenmark-Spendenregister in Deutschland. Seit Juni 2002 ist Ute Ohoven zudem Präsidentin der ZNS-Hannelore Kohl Stiftung, die sich für die Behandlungsmöglichkeiten und Lebensumstände von Verletzten mit Schäden des Zentralen Nervensystems (ZNS) engagiert. Damit übernahm sie die Nachfolge der bis dahin amtierenden Präsidentin Hannelore Kohl.

Seit 1976 ist sie in zweiter Ehe mit dem Investment-Banker und Präsidenten des deutschen und europäischen Mittelstandes Mario Ohoven verheiratet.

Markus Lanz sagte im Interview: »Man muss es als Mann ertragen können, eine erfolgreiche und prominente Frau an seiner Seite zu haben. Viele können das nicht.« Wie ergeht es Ihnen damit?

Bestens. Ich fühle mich nicht benachteiligt, mein Betätigungsfeld ist ein ganz anderes. Beiträge zum Gemeinwohl leisten wir beide – unentgeltlich.

Dass die Frau ihrem Mann für die Karriere den Rücken freihält, gilt als normal. Verhält es sich umgekehrt, gibt es schon mal Kommentare. Wie ist das bei Ihnen?

Kommentare, von denen Sie sprechen, drücken einen gewissen Respekt dafür aus, dass ich Freiräume ermögliche – auch finanziere.

Mit einer engagierten Frau funktioniert die klassische Rollenteilung nicht. Hätten Sie sich manchmal eine Frau gewünscht, die es zu Hause einfach nur schön macht und ansonsten im Hintergrund steht?

Auf keinen Fall – ich bin ein lebensbegeisterter Mann und suche in einer Partnerin das Äquivalent. So bereichern wir uns gegenseitig.

Sind Sie stolz auf Ihre Frau?

Natürlich! Aber der Begriff »bewundernde Hochachtung« trifft es mehr.

Was schätzen Sie besonders an Ihrer Frau?

Sie ist ein außergewöhnlicher Mensch, in ihr verbinden sich Eigenschaften, die in dieser Kombination ganz selten zu finden sind. Zum Beispiel: liebevolle Hingabe gepaart mit klarem Verstand, Opferbereitschaft und Zielstrebigkeit, Gefühl für die Armen dieser Welt und Freude am guten Leben. Absolute Ehrlichkeit und Verständnis für die, die es nicht sind. Durchhaltevermögen verbunden mit geradezu akrobatischer Flexibilität.

Wer macht bei Ihnen den Haushalt?

Um Klischees zu erfüllen, wir haben helfende Geister – aber es gibt nichts, was meine Frau zumindest zeitweise nicht selbst erledigt.

Haben Sie sich schon mal im Schatten Ihrer Frau gefühlt?

Sie wirft einen großen Schatten, keine Frage. Aber im Schatten stehen lässt sie mich nicht.

War Ihre Rolle gewöhnungsbedürftig?

Nein. Ich habe meine Frau von Anfang an sehr unterstützt – aber noch einmal, an meiner Lebensgestaltung hat sich wenig geändert, auch dies rechne ich meiner Frau im höchsten Maße an.

Haben Sie selbst manchmal das Gefühl, zu kurz gekommen zu sein?

Wie kann man zu kurz kommen, wenn man die Gegenwart einer so kraftvollen Frau erleben darf?

Wie würden Sie sich als Mann und Partner charakterisieren?

Obwohl als »Opinion-Leader« eingestuft, empfinde ich mich selbst eher als einzelgängerischen Individualisten.

Müssen Sie sich zurücknehmen?

Zeitweise, selbstverständlich. Und ich tue es gerne. Entsteht nicht das meiste, indem wir es einfach zulassen?

Wie wirkt sich der Erfolg Ihrer Frau auf das Selbstwertgefühl aus?

Bestätigung würde ich es nennen und Dankbarkeit.

Fühlen Sie sich manchmal als Ratgeber?

Durchaus – aber dies gilt in beide Richtungen.

Mario Ohoven

Wie gestaltet sich die Partnerschaft, wenn die Frau so engagiert ist wie Ihre?

Abwechslungsreich – nicht immer einfach. Spannend, bunt und intensiv. Die gemeinsame Zeit ist knapp. Das ist der Preis. Keine Frage, wir haben viel zu wenig Zeit füreinander. Andererseits gibt es denn einen Preis für Lebensqualität, die man anderen zukommen lässt?

Fühlen Sie sich gleichberechtigt?

Absolut.

Gab es auch Momente, wo Sie sich eine ganz normale Hausfrau gewünscht hätten?

Nein, wirklich nicht. Wer mich kennt, der weiß, dass mich herausfordernde Menschen interessieren. Ich würde es aber nie zulassen, dass man den Begriff Hausfrau diskriminiert.

Aus welcher Familienkonstellation kommen Sie selbst?

Ich stamme aus einer traditionsreichen Fabrikantenfamilie, bin gelernter Banker. Weil ich unabhängig sein wollte, ging ich nicht in das Familienunternehmen, sondern machte mich selbständig.

Meine Familienkonstellation ließ einen anderen Lebensweg kaum zu.

Wie haben Sie Ihre Frau kennen gelernt?

Unter denkbar günstigsten Umständen – es war ein echtes Cinderella-Erlebnis – in einer Welt, in der ich mich auskannte und vor allem sicher genug fühlte, in dieser für jeden Mann delikaten Situation, wenn er sie kennen lernt: bei anspruchsvoller Musik und Tanz.

Wie lange sind Sie zusammen?

30 Jahre. Noch lange nicht lang genug.

Sie haben ja eine eigene Karriere. Braucht man eigenen beruflichen Erfolg, um mit einer erfolgreichen Frau leben zu können?

Eine eigene Berufung, ja! Ich bin Investment-Banker. Darüber hinaus ist die Bereitschaft, gesellschaftspolitisch tätig zu sein, wichtig. Deshalb nehme ich meine Aufgabe als Präsident des deutschen und europäischen Mittelstands sehr ernst. Eine Last, die breite Schultern erfordert.

Welche Situationen Ihres eigenen Lebens waren die prägendsten?

Wie bei jedem Mann: Kindheitstraum, desillusionierende Jugend, Finden der eigenen Bestimmung, Bestätigung und Erfüllung in den reiferen Jahren. Der frühe Verlust meines Vaters hat mich tief getroffen. Gleichzeitig wuchs die Bewunderung für meine Mutter, da sie nun auch den Vater ersetzen musste.

Wie beurteilen Sie Ihre Rolle neben der Ihrer Frau?

Wenn Sie es begrenzen auf den Bezug zur Rolle meiner Frau: die hoffentlich große Unterstützung im Hintergrund.

Müssen Sie manchmal stark sein bei so viel Erfolg?

Wir sind beide stark.

Sind Sie auch oft eingespannt?

Ja, in meinen Unternehmen und den Ehrenämtern sehr.

Mario Ohoven

Was gefällt Ihnen an Ihrer Partnerschaft, so wie sie ist?

Die gegenseitige Bereicherung, gefühlt als Liebe und gestützt auf gegenseitiges Vertrauen.

Was empfinden Sie als Vorteil, was als Nachteil?

Zwei starke Persönlichkeiten sind immer mehr als nur eine Ergänzung – andererseits verleitet es Außenstehende zu Neid und Missgunst, wenn man im Rampenlicht steht.

Bei großen Bällen sind Sie eher der Mann an ihrer Seite. Wie fühlt sich das an?

Hervorragend. Das bin ich tatsächlich: der Mann an ihrer Seite.

»Mit einer starken Frau an meiner Seite muss ich mir über viele Dinge keine Gedanken machen«

Pierre Franckh (52), Ehemann der Schauspielerin Michaela Merten

Die Begegnung mit dem Schauspieler Pierre Franckh würde ich für mich als glückliche Fügung bezeichnen. Er schenkte mir sein Buch »Glücksregeln für die Liebe« und mein Freund und ich verschlangen es beide. Die Lektüre führte zu langen fruchtbaren Gesprächen über Beziehung und über Erfahrungen, die Pierre Franckh beschreibt und die wir teilen.

Pierre Franckh erklärte sich sofort zum Interview bereit und lud mich in sein Haus nach München ein. Bei der Gelegenheit lernte ich auch seine Frau Michaela und seine Tochter kennen. Die häusliche Atmosphäre und die Familie erzeugten »good vibrations«. Es wurde ein offenes Gespräch.

Später fuhr ich mit dem Zug weiter nach Hochzoll. Unterwegs las ich in Pierre Francks Buch »Erfolgreich wünschen«, wie man seine »Bestellungen ans Universum« korrekt aufgibt. Dort stand, Ungeübte sollten mit kleinen Wünschen anfangen. Ich dachte, dann mache ich mal einen Test und wünsche mir, dass ich für die Fahrt, für die ich aus Unwissenheit die falsche Fahrkarte gezogen hatte, nicht nachzahlen muss. Ich war gespannt. Und es war unglaublich: Der Schaffner kontrollierte und erwiderte auf meine Erklärung: »Machen wir mal eine Ausnahme, mein Akku ist sowieso kaputt.« Ich kann das Buch also nur weiterempfehlen.

Vor 15 Jahren hatte ich scheinbar alles. Ich war extrem erfolgreich, verdiente viel Geld, genoss großes Ansehen und hatte wunderschöne Frauen an meiner Seite. Und doch war ich nicht erfüllt, nicht glücklich. Ich war leer und fühlte mich getrieben. Ich sehnte mich sehr nach einer wahren tiefen Liebesbeziehung. Bis dahin hatte ich immer mehr oder weniger unglückliche Beziehungen. Lange glaubte ich, ich müsste bloß noch erfolgreicher werden, noch mehr Besitz anhäufen, noch mehr Frauen ins Bett bekommen, dann würde sich das Gefühl von tiefem Glück schon einstellen. Und genau dieser Glaube ließ mich meinen Mangel erst richtig spüren.

Das wurde mir klar, als ich einen kompletten Break gemacht habe in meinem Leben. Für vier Monate habe ich mich zurückgezogen. Damals spielte ich in Berlin abends zwei Stunden Theater, den Rest des Tages verbrachte ich ausschließlich in meiner Wohnung und habe Fernseher, Radio, alles, was irgendwie stören könnte, rausgeworfen. Ich wollte nur einer Frage nachgehen: Wie schaffe ich es, eine wahre tiefe Liebesbeziehung zu führen? Und was hindert mich daran?

In diesen vier Monaten der Reflexion beschäftigte ich mich mit Fragen wie: Habe ich Angst vor Nähe? Welche Muster trage ich in mir, die mich immer wieder in die gleichen Situationen bringen? Wer ist »schuld« daran, dass ich keine tiefe Liebesbeziehung führen kann? Wie stark sind wir durch die Erlebnisse in unserer Kindheit geprägt? Wie komme ich aus diesem Kreislauf heraus?

Auf der Suche nach Lösungen habe ich ganze Listen voll geschrieben mit Fragen. Die erste Liste beinhaltete meine Bedürfnisse: Was möchte ich alles in der Partnerschaft haben? Was stelle ich mir vor? Wie soll die ideale Partnerin beschaffen sein? Welche Eigenschaften soll sie haben? Das wurde eine sehr lange Liste. Nachdem ich meine Wünsche formuliert hatte, überlegte ich mir, was ich selbst bereit wäre in eine Partnerschaft einzubringen. Diese Liste wurde erstaunlich kurz.

Anschließend habe ich aufgeschrieben, was ich in meinen Partnerschaften bisher erlebt hatte. Und siehe da, es entsprach exakt meiner kurzen Liste. Ich habe »überraschenderweise« immer nur genau das erlebt, was ich selbst eingebracht hatte. Dies brachte mich zu einer grundlegenden Erkenntnis: Mein Partner kann mir nur das geben, was ich auch selbst bereit bin einzubringen!

Und das kann ich heute aus meiner Erfahrung der letzten Jahre bestätigen: Der Partner ist unser Spiegelbild, er bringt uns genau das vor Augen, was in uns selbst ist. Auch in Krisenzeiten werden die Seiten herausgekitzelt, die man am wenigsten zeigen möchte. Aber genau das macht eine tiefe Liebesbeziehung aus, das man sich zei-

gen darf: mit all seinen schönen Seiten, aber auch mit den Schattenseiten. Ohne Angst zu haben, gleich verlassen zu werden.

Eine Partnerschaft ist gleichbedeutend mit Veränderung und
Entwicklung.

Die meisten Beziehungspartner haben Angst vor Veränderung,
weil es auch Trennung bedeuten könnte. Deshalb wird unbewusst
viel eingebremst an Neuem, Unbekanntem. Aber gerade diese
neuen Impulse, die Entwicklung bringen, sind das, was eine Beziehung lebendig hält. Etwas mit aller Macht halten zu wollen, bringt
Stagnation und inneren Aufruhr, der sich dann in eine trennende
Energie entwickeln kann. Wenn ich zum Beispiel mit Ablehnung
reagiere, dann sagt diese Reaktion nur etwas über mich selbst aus,
nicht über die Sache oder den Partner an sich. Da, wo ich mit Ablehnung reagiere, kann ich sofort schauen, was hat das mit mir zu
tun?

Ich habe aus meinen Überlegungen später mein Buch »Glücksregeln für die Liebe« geschrieben. Eine Regel ist beispielsweise: Sei
ehrlich zu dir selbst. Dass die Liebe dann einfach an unser Herz
klopft, durfte ich wenig später erfahren …

Damit komme ich zu meiner Partnerschaft, die genau so ist, wie
ich es mir immer gewünscht habe. Vor 15 Jahren, als ich mich vollkommen zurückgezogen hatte, da haben sich die Kollegen, mit
denen ich jeden Abend auf der Bühne stand, Sorgen gemacht. Sie
meinten, meine Einsiedelei würde auf die Dauer nicht gut für mich
sein. Sie haben mich ständig gedrängt, doch mal mit ihnen auszuge-
hen und einen schönen Abend zu verbringen. An einem Abend
schließlich gab ich nach und ging nach der Vorstellung mit in ein Restaurant. Da ich durch meine Wahrheitssuche nicht besonders interessiert an Smalltalk war, sprach ich an diesem Abend nur mit einer
Person über meine neuen Erkenntnisse.

Nach drei Wochen läutete bei mir das Telefon. Eine Frau war
dran. Ich wusste noch, dass ich an dem Abend mit ihr gesprochen
hatte. Ich wusste auch noch, dass sie blond war und eine dicke

Hornbrille trug. An mehr konnte ich mich nicht erinnern. Bereits bei diesem Telefonat sprachen wir vier Stunden miteinander. Am nächsten Tag haben wir wieder telefoniert – sieben Stunden. Am übernächsten Tag haben wir weitere sieben Stunden telefoniert. Nachdem unsere Gespräche so wesentliche Themen berührt hatten und so intensiv waren, haben wir uns beide gedacht, wir verstehen uns so gut, wir könnten doch zusammen in Urlaub fahren. Beim nächsten Telefongespräch fanden wir aber, nur zusammen in Urlaub zu fahren sei zu wenig, wir könnten auch gleich zusammenziehen und heiraten.

Diese Frau vor 15 Jahren war Michaela, mit der ich heute sehr glücklich verheiratet bin.

All das, was ich in meinem Buch »Glücksregeln für die Liebe« beschreibe, ist genau das, was uns an einer erfüllten Liebesbeziehung wichtig ist. Alles, was mit Partnerschaft zu tun hat und mit dem Erhalt der Werte, betrachten wir gleich. Familie steht für uns an erster Stelle, vor allem unsere Tochter Julia. Unsere ganze Kraft schöpfen wir aus der Familie. Wir haben die gleichen Vorstellungen von Treue und Moral, von Ehrlichkeit, Offenheit und Nähe.

Das ist uns nicht zugeflogen. Wir haben es uns erarbeitet. Dies erfordert natürlich ein großes Maß an Hingabefähigkeit. Es ist aber auch wichtig, dass jeder eine eigenständige Persönlichkeit bleibt. Wenn ich beispielsweise entscheide, ich will einen starken Menschen an meiner Seite haben, zieht das auch ganz viele andere Konsequenzen nach sich.

Wir beide brauchen unseren kreativen Freiraum. Da ich sehr gern Zeit zu Hause verbringe, um meine Projekte zu entwickeln, ist Michaela sehr gern unterwegs, um ihre Projekte zu organisieren. Dies bedeutet, dass wir in Stressphasen wenig Zeit füreinander haben.

Das würden viele Leute als Nachteil empfinden. Wir nicht. Wir beide sind ganz tief innerlich verbunden und spüren auch die Liebe, die uns zusammenhält. Aber sie fesselt uns nicht, nach außen zu gehen und Dinge zu tun, die der eigenen Vision entsprechen.

Unsere Stärke ist, dass wir viel miteinander kommunizieren. Wir sprechen über alles, wir haben keine Geheimnisse voreinander. Es ist sehr wichtig für die Beziehung, dass man über die organisatorischen Dinge hinaus Themen bespricht, die einen wirklich in der Tiefe der Gefühle betreffen.

Wir sind zwei verschiedene Individuen. Es ist wichtig, dies zu respektieren. Man sollte den anderen so lassen, wie er ist, aber durchaus seine Ansicht darüber mitteilen. So hat der andere die Chance, etwas zu verändern, wenn er möchte. Das nennt man Persönlichkeitsentwicklung. Beispielsweise hatte ich Probleme, Nähe zuzulassen und auch Kritik. Und wenn man das erst einmal von sich weiß und es auch dem Partner gegenüber eingesteht, dann kann man sich gemeinsam entwickeln.

Man kann zum Beispiel sagen: »Ich habe diese Schwierigkeit, aber ich möchte sie gern überwinden. Möchtest du mich auf diesem Weg begleiten?« Ich könnte auch sagen: » Ich habe noch kein wirkliches Vertrauen und keine Hingabefähigkeit. Ich bewege mich sehr an der Oberfläche, möchte aber in die Tiefe gehen. All das kann ich noch nicht. Aber ich möchte mich dahinentwickeln«.

Wenn man so an die Dinge herangeht, dann gibt es einen gemeinsamen Weg. So wie es ihn mit Michaela auch gab.

Das bedeutet natürlich ständige Arbeit an sich selbst. Das Wichtigste aber ist die Bereitschaft dazu und die Entscheidung dafür. Man ist nicht ganz plötzlich ein komplett anderer Mensch.

Damals war ich nach der selbst gewählten Einsamkeit bereit dazu. In dem Moment, wo ich bereit war für eine Partnerin wie Michaela, ist sie gekommen. Und das Beste daran ist, wir haben uns Zeit gelassen, uns kennen zu lernen. Durch die wochenlangen Telefonate hatten wir eine ganz andere Form der Nähe und des Einlassens aufeinander gefunden. Die meisten Menschen wünschen sich den Partner fürs Leben, fangen es aber meiner Meinung nach völlig falsch an. Gleich am Anfang meines Buches gibt es das Kapitel: »Sex hilft nicht bei der Partnersuche«.

Wenn zum Beispiel Außerirdische uns beobachten würden, die würden sich kaputtlachen. Die meisten Menschen betreiben Partnersuche ja so: Sie treffen jemanden, gehen mit demjenigen ziemlich schnell ins Bett, sind ca. sechs Wochen »sportiv« unterwegs und dann, wenn die erste Euphorie abflaut, schauen sie sich erst richtig an, um festzustellen: Ich kenne dich ja gar nicht. Wie bist du eigentlich? Ach, so bist du! Dann passen wir ja gar nicht zusammen. Und dann geht man wieder auseinander.

Diese Form des Kennenlernens wiederholt man wieder und wieder. Wenn man das öfter macht, trägt man erhebliche Verletzungen davon und glaubt von sich selbst irgendwann, nicht beziehungsfähig zu sein.

Ich habe meine Frau am Telefon kennen gelernt, wo ich sie gar nicht sehen konnte und wo körperliche Liebe gar nicht möglich war, sondern sich nur seelische Liebe entwickeln konnte. Mein Credo war: Ich darf alles aussprechen. Ich bin bereit, mich zu offenbaren. Und zu sagen: Das bin ich.

Natürlich braucht man dazu einen starken Partner, aber das setzt voraus, dass man selbst diese Stärke in sich trägt. Denn um auch die Schattenseiten einer Partnerschaft zu tragen, braucht man Stärke. Bei uns darf alles stattfinden, zum Beispiel auch Streit. Wir sind auch gereizt und launisch, genauso wie wir liebevoll und harmonisch sind. Wenn wir beide genervt sind, dann knallen auch mal die Türen. Wir lassen den anderen so, wie er ist. Wenn die Emotion verflogen ist, sprechen wir darüber, denn Wut ist eine sehr starke Emotion, die etwas aufzeigen will. Darüber sollte man sprechen.

Aber unsere Wut geht nie unter die Gürtellinie. Es sollten keine Beleidigungen in einer Beziehung stattfinden, denn dann verliert man den Respekt voreinander. Und das Tragische daran ist, wenn man den Respekt voreinander verliert, dann verliert sich das Gefühl der Liebe. Man kann niemanden lieben, den man nicht respektiert.

Meine Frau ist eine sehr starke Persönlichkeit. Genau wie ich. Und wir haben in unseren zahlreichen Gesprächen erkannt, dass wir zwar verschiedene Wege haben, etwas zu tun, aber dabei das gleiche Ziel vor Augen. Es gab durchaus auch Reibereien, weil sie dachte, ihr Weg ist der richtige, und ich dachte, mein Weg ist der richtige. Doch wir haben ziemlich schnell begriffen, dass wir den anderen nicht verändern dürfen. Solange man das gleiche Ziel anstrebt, sind beide Wege gleich richtig.

Wir sind zwei völlig unterschiedliche Menschen und doch stimmen wir in den für uns wesentlichen Punkten überein.

Sie braucht die Lebendigkeit. Ich brauche auch die Stille. In dem Moment, wo beide akzeptieren, dass der andere anders ist, läuft die Partnerschaft wunderbar.

Mir ist beispielsweise klar, dass ich eine ebenbürtige Partnerin an meiner Seite haben will. Ich bin nicht der Typ, der gern den großen Macker gibt, der sein Frauchen noch erziehen möchte. Ich möchte eine Partnerschaft haben, die absolut gleichberechtigt ist. Mit einer sehr starken Persönlichkeit als Pendant. Und genau das habe ich mit Michaela.

Für uns hat der andere oberste Priorität. Wir fragen zuerst: Was brauchst du, wie kann ich dich fördern? Wenn Michaela ein neues Projekt hat, wird nicht grundsätzlich hinterfragt, sondern es geht nur darum, was ich dafür tun kann. Für ihre Sehnsucht und das, was sie verwirklichen will, ordne ich mich mit aller Tatkraft unter. Das wird weder diskutiert noch bewertet.

Wenn einer von uns beiden für einen Job einige Zeit weg ist, dann sagt der andere: »Okay«, und nicht: »Ach, dann sehen wir uns so lange nicht.« Wir wissen, es kann uns nicht schaden. Alles, was wir tun, ist für uns beide förderlich. Und so habe ich Schritt für Schritt gelernt, nicht nur zu fordern, sondern das, was ich mir wünsche, auch zu geben. Anders funktioniert es nämlich nicht. Man bekommt nichts, was man nicht selbst bereit ist zu geben. Wobei wir die Aufgaben je nach Talent verteilen. Alles, was mit Organisieren zu tun hat, übernimmt Michaela. Das macht sie perfekt. Während ich mich beim Schreiben gerne komplett zurückziehe.

Ich war zwei Jahre Hausmann, als unsere Tochter noch ein Baby war. Michaela bekam das Angebot, die Titelrolle in einer Serie zu spielen. Wir haben lange überlegt, was machen wir? Und ich habe dann gesagt, nimm das Angebot an. Ich bleibe zu Hause. Ich habe so viel gedreht in meinem Leben, ich kann auch mal zwei Jahre nicht drehen.

Endlich hatte ich Zeit, genau das zu tun, was ich schon immer tun wollte: schreiben. In der freien Zeit habe ich angefangen, mein erstes Drehbuch zu schreiben. Nach zweieinhalb Jahren kam dieses Buch unter meiner Regie in die Kinos: »Und das ist erst der Anfang«. Michaela hat den Film mit produziert.

Mein Hausmanndasein hat nicht im Mindesten an meinem Selbstwertgefühl gekratzt. Im Gegenteil. Es war wundervoll. Ich fand es fantastisch, auf dem Spielplatz zu sitzen. Meine Tochter zu beobachten, mit ihr zu reden. Für die Mütter dort war ich der Held. Wenn ich frei gewesen wäre, wäre ich für manch eine der ideale Partner gewesen. Einen Mann, der so was eine Zeit lang macht, wünschen sich viele Frauen.

Ich fand es auch deswegen fantastisch, weil ich Zeit für mich hatte, schreiben konnte und den Kontakt zu meiner Tochter hatte. Da ist unsere intensive kumpelhafte Beziehung entstanden. Die Basis, warum wir uns so tief verstehen. In den ersten zehn Jahren ihres Lebens war ich vielleicht insgesamt sechs Wochen von meiner Tochter getrennt.

Natürlich muss man auch sagen, ich bin ein später Vater. Ich war 39 Jahre alt, als sie kam. Ich hatte mich ausgetobt, ich hatte gelebt, ich hatte viel gesehen, aber es hatte mich nie richtig erfüllt.

Jetzt, durch die intensive Partnerschaft und durch das Erkennen meines Selbsts, habe ich meine Aufgabe gefunden, die mich vollkommen erfüllt.

Ich identifiziere mich nicht mehr so sehr mit meiner schauspielerischen Tätigkeit, mein Sendungsbewusstsein spiegelt sich in meinen Büchern wider. Auch Michaela hat ihre Kreativität in ihren Projekten und Büchern gefunden, so dass wir uns gegenseitig unterstützen können.

Uns geht es darum, authentisch zu sein und Impulse zu setzen. Den Menschen, die unsere Bücher lesen, Möglichkeiten aufzuzeigen, sich auf die eigene innere Stärke zu besinnen.

Partnerschaft kann auch als Heilung durch Arbeit an sich selbst verstanden werden. Die Arbeit daran ist, diese Heilung zuzulassen. Letztlich ist unsere Partnerschaft immer reifer geworden. Sie wurde immer tiefer und das ist keine Selbstverständlichkeit. Man erlebt sich mit dem Partner immer wieder neu. Wenn man alte Muster aufgelöst hat, dann treten andere Schichten zutage. Man muss loslassen, damit etwas Neues kommen kann. Mein Bewusstsein heute ist, »dass alles zu meinem Besten geschieht. Alles fließt, alles kommt, alles ist gut.« Ich mache heute genau das, was ich gern machen möchte.

Mit einer starken Frau an meiner Seite muss ich mir über viele Dinge keine Gedanken machen. Wir wissen beide, dass jeder sofort den Part des anderen übernehmen kann. Und das ist ein gutes Gefühl.

Dass Michaela bei mir ist, ist ein Geschenk für mich. Wenn sie in der Früh neben mir aufwacht, auch das ist ein Geschenk für mich. Ich betrachte sie nicht als Besitz. Wir sind freiwillig zusammen und sind dankbar für die Unterstützung und Präsenz des anderen. Wir kennen unsere Schwächen und unsere Stärken. Wir wachsen gemeinsam aneinander jeden Tag ein Stückchen mehr. Wir vertrauen uns und tragen gemeinsam die Verantwortung für unsere Beziehung und unsere Familie. Wir sind jetzt 15 Jahre in größter Freiheit zusammen und gleichzeitig in größter Verantwortlichkeit. Und wenn man im Paradies ist, warum soll man es verlassen?

»Ich wollte keine Frau,
mit der ich abends fernsehe«

Foto: © privat

Dr. Christian Saalfrank (35) ist der Ehemann
der ›RTL Super Nanny‹ Katharina Saalfrank

Dr. Christian Saalfrank (35), der Ehemann von Katharina Saalfrank (34), der erfolgreichen ›RTL Super Nanny‹, deren Sendung durchschnittlich von 4,5 Millionen Zuschauern verfolgt wird, war gern zu einem Gespräch bereit. Ich hatte seine Frau in Hamburg interviewt und mich anschließend gefragt, wie wohl ihr Mann sein würde.

Katia Saalfrank hatte über ihre vier Söhne berichtet, die sechs, acht, zehn und zwölf Jahre alt sind. Sie hatte erzählt, wie sie ihr Ziel, das Thema Erziehung ins Fernsehen zu bringen, verfolgt und schließlich auch erreicht hat. Sie legte großen Wert darauf, dass ihr Buch zur Fernsehserie kein Erziehungs-, sondern ein Beziehungsbuch sei. Und sie hatte erzählt, wie ihr Mann Familie, eine beruflich erfolgreiche Frau und seinen eigenen Beruf unter einen Hut bekommt. Dr. Saalfrank ist promovierter Musikwissenschaftler und arbeitet als selbständiger Projektentwickler und Berater.

Wir trafen uns in Berlin in einem Restaurant. Kaum saßen wir am Tisch, da kam ein kleiner Junge mit einem Pflaster an der Stirn und einem Schulranzen auf dem Rücken hereingestürmt und lief auf seinen Papa zu, der ihn liebevoll in den Arm nahm und fragte, was passiert sei. Der Junge wurde von seinem Vater mitfühlend getröstet und zog dann zufrieden ab nach Hause. Nicht, ohne noch mal zu winken.

Sie waren noch recht jung, als sie sich kennen lernten, und haben früh eine große Familie gegründet.

Kennen gelernt haben wir uns in der Ausbildung. Zunächst war sie eine »Freundin«, wie man sie so hat mit Anfang 20. Meine Frau war 21, als sich dann unser erster Sohn eher ungeplant ankündigte. Das war drei Monate vor ihrem Abitur an der Abendschule. Ich war 23 und noch im Grundstudium der Musikwissenschaften. Ich hatte gerade mein Auslandsjahr in Italien absolviert. Wir haben uns innerhalb weniger Stunden für das Kind entschieden, wir waren ja noch

Dr. Christian Saalfrank

nicht verheiratet und eben erst zusammengezogen. Nach den tollen Erfahrungen mit dem ersten Sohn fiel dann auch die grundsätzliche Entscheidung für eine gemeinsame Familie mit mehreren Kindern. Die Umsetzung folgte recht konsequent mit weiteren drei Kindern im Abstand von je zwei Jahren.

Immer mehr Akademikerinnen entscheiden sich heute gegen Kinder. Sie haben gleich vier.

Wir kommen beide aus Großfamilien, ich habe drei, Katia vier Geschwister, und wir waren sehr einig darin, dass wir eine große Familie wollten. Und wir sind froh, dass unser kleinster Sohn jetzt schon zur Schule geht. Kleinkinder brauchen ja eine ganz andere, nicht planbare zeitintensive Zuwendung als größere Kinder. Heute, im »fortgeschrittenen Alter«, wollte ich nicht wieder von vorne anfangen. Jetzt, mit vier »großen Kindern«, ist es viel einfacher, Familie und Beruf miteinander zu vereinbaren. Es ist auch von Kind zu Kind nicht schwerer, sondern eher leichter geworden. Die Erfahrung wächst und die Kinder können sich auch gut miteinander beschäftigen und voneinander lernen.

Sie haben beide studiert, als Sie Ihre Kinder bekamen. Wie haben Sie das gemanagt?

Dadurch, dass wir beide studierten, brauchten wir keine Fremdbetreuung. Natürlich gingen die Kinder in den Kindergarten oder wir hatten auch Babysitter am Abend. Doch wir brauchten nie eine Tagesmutter. Während des Studiums hatte jeder eine halbe Woche für seine Arbeiten. Die andere Hälfte der Woche war für die Kinder und die Familie. Das war für uns immer selbstverständlich.

Viele Mütter sagen heute, schon mit zwei Kindern muss man zu Hause bleiben.

Das sind tiefe gesellschaftliche Verkrustungen. Wir hatten von Anfang an die Vereinbarung, dass jeder seinen Weg gehen kann. Jeder soll die gleichen Chancen haben. Jeder soll seine Interessen und Ziele weiter entwickeln können. Natürlich kamen von außen auch Vorwürfe, dass wir so früh Kinder bekommen haben. Das hat uns aber nicht aufgehalten, sondern das war ein für uns produktiver Widerspruch.

Es hat ja offensichtlich funktioniert.

Ja, ich habe mit 28 Jahren meinen Abschluss gemacht und hatte vier Monate vor Studienabschluss meinen ersten Projektauftrag in der Tasche. Mein Ziel war ein guter Abschluss und ich wollte promovieren, was ich auch geschafft habe. Auch Katia hat ihr Diplom gemacht und ist anschließend in ihren Beruf als Pädagogin gegangen. Zunächst allerdings in Teilzeit.

Eine Großfamilie muss ernährt werden. Es heißt, in Deutschland Kinder zu haben, sei ein teures Privatvergnügen.

Richtig. Eine so große Familie bedeutet sehr viel materiellen Aufwand. Als ich mein Studium beendet hatte, hatten wir ja bereits drei Kinder, das vierte war unterwegs und dadurch hatte ich natürlich einen hohen Erwerbsdruck. Beruflich war uns BAT bei so vielen Kindern verschlossen. In dem Moment, wo die soziale Grundsicherung durch staatliche und familiäre Unterstützung, die man im Studium hat, wegfällt, muss man das bei vier Kindern auf hohem Niveau kompensieren. Mein Ziel war nicht, viel Geld zu verdienen, sondern die Existenz der Familie abzusichern. Und dafür mussten wir unkonventionelle Wege wählen.

Ich bin also sofort in die Selbständigkeit gegangen, dann sehr schnell vom engeren Bereich der Kultur und Musik in ganz andere Bereiche des Projektmanagements gerutscht. Wichtig ist mir im

Rückblick, dass alles Verbiegen gegenüber den Herausforderungen der äußeren Zwänge zu einem inneren Wachstum geführt haben.

Ganz schön mutig!

Ja, und mit meinem Studienabschluss war das relativ schwierig. Freunde von mir mit ähnlichen Abschlüssen hatten lange Zeit gar kein Einkommen, mussten noch Praktika absolvieren oder ein Volontariat machen. Bei uns hieß es: alles oder nichts.

Es war dann nicht alles, was kam, aber ich hatte doch sehr interessante Aufträge. Es kam ein großer Musikverlag auf mich zu mit der Bitte, im Internet etwas aufzubauen. Ich bekam verschiedene Projekte auf der gesellschaftspolitischen Ebene mit wirtschaftlichem Hintergrund angeboten, Projekte der öffentlichen Hand, aber auch Projekte des interreligiösen Dialogs und Ähnliches.

Ich bin da relativ frei und entwickele meine Projekte mit einem Netzwerk von Personen, die ich mir selber ausgesucht habe. Schließlich kam ein Dirigent auf mich zu und engagierte mich für ein großes Projekt in NRW. So habe ich nebenbei auch noch angefangen, Opern und zeitgenössisches Musiktheater zu produzieren.

Inzwischen hat auch Ihre Frau Karriere gemacht, und zwei beruflich erfolgreiche Laufbahnen sind sicherlich nicht so leicht zu vereinbaren, oder?

Wir sind da hineingewachsen. Es kam eines zum anderen: meine kontinuierliche berufliche Weiterentwicklung, bis meine Frau zum Sprung ansetzte. Dabei gab es bei uns keine strategische Planung, wer was beruflich machen würde. Wir haben auch nie gesagt, wir schlagen jetzt einen bestimmten Weg ein. Wir waren von Anfang an in der Situation, dass wir uns auf hohem Niveau durchsetzen mussten. Und außerdem: es ist unser gemeinsamer Weg, keine Wege, die man miteinander vereinbaren muss.

Wie ist das für Sie, eine ehrgeizige Frau an Ihrer Seite zu haben?

Für sie ist immer klar gewesen, dass sie inhaltlich mehr machen wollte, als sie auf ihren halben Stellen machen konnte. Es ging nicht so sehr um Karriere. Sie hatte wahnsinnig viele Ideen, die sie umsetzen wollte. Die Idee, das Thema Erziehung ins Fernsehen zu bringen, hatte sie relativ früh. Katia hatte sich diverse Beratungssendungen angesehen und gemeint, so etwas fehlte für den Bereich der Erziehung.

Meine Frau hat Konzepte entwickelt, aber mit eigenen Ideen kann man beim Fernsehen natürlich nicht landen. Die Konzeptfindungsmechanismen sind sehr komplex, und man hat von außen keine Chance, da etwas unterzubringen. Schließlich hat sie im Internet herumgeforscht und fand einen winzigen Zweizeiler, dass eine Pädagogin für eine Sendung gesucht würde. Katia dachte, es handele sich um Arbeit hinter der Kamera. Und daraus ist dann das geworden, was sie heute macht. Die ›Super Nanny‹ läuft ja nach einem Konzept, das in England bereits erfolgreich war. Und ich habe immer unterstützt, dass sie ihre Ideen verwirklichen konnte.

Wie haben Sie den Karriereschub und das Bekanntwerden Ihrer Frau erlebt?

Ich habe mit großer Freude ihre Entwicklung gesehen und ihr beratend zur Seite gestanden. Es hat mich gefreut, dass sie ihre Potenziale, die ich ja kenne und schätze und die ich liebe, dort entfalten kann. Sie kann sich kontinuierlich entwickeln, sie ist im Business erfahrener geworden, hat viele Regeln kennen gelernt und ist konsequenter und disziplinierter geworden in der Durchsetzung ihrer Vorstellungen. Das, was sie macht, ist das, was sie will und kann. Ich begleite ihre Entwicklung mit großer Begeisterung.

Also gibt es keine Konkurrenzgefühle?

Dr. Christian Saalfrank

Nein, ich denke, wir sind mit Mitte 30 beide immer noch am An-fang, am »Setzen«. Ich gönne meiner Frau nicht nur ihren Erfolg, wir wollten das auch. Wir wollen beide etwas bewegen, wir haben den Mut und die Energie dazu. Und dass meine Frau dieses Ziel zu diesem Zeitpunkt verwirklichen konnte, hat sich ergeben. Das kann man ja nicht ansteuern und man sollte auch nicht festgefahren den-ken. Man kann ja nichts absichern oder festhalten.

Das heißt, Sie sind Ihrem inneren Kompass gefolgt?

Ich habe keinen vorgefassten Lebensplan, den ich abarbeite. Mir war nicht klar, ob ich Frau und Familie haben wollte. Es hat sich so ergeben. Ich war immer Optimist und dachte, wenn man nach vorne geht, entwickeln sich die Dinge. Wenn man etwas dafür tut, geht es voran. Jetzt, mit Mitte 30, ist mein Optimismus natürlich nicht mehr gänzlich ungebrochen.

Das Leben ist eine Herausforderung für den Optimisten und eine Bestätigung für den Pessimisten. Ich liebe Herausforderungen! Aber im Grundsatz hat sich meine Einstellung als richtig erwiesen. Man muss offen sein. Dass meine Frau ein Bedürfnis in der Gesellschaft jetzt zu dieser Zeit so auf den Punkt getroffen hat, das ist bestimmt Zufall. Aber man muss die Dinge genau beobachten und bereit sein, zuzugreifen, wenn die Gelegenheit da ist. Sonst kann man sich nicht entfalten.

Ihre Frau ist zweifellos eine starke Frau, die genau weiß, was sie will.

Ich wollte eine starke Frau an meiner Seite. Das war allerdings kein aktives Wollen. Ich fand fitte Frauen einfach gut, und sie war so. So habe ich sie kennen und lieben gelernt und sie ist jetzt keine andere geworden, außer dass sie ihre Potenziale entfalten kann. Ich wollte keine Frau, mit der ich abends fernsehe. Mir ging es immer um Dialog, darum, Dinge gemeinsam entwickeln zu können, sich für etwas einzusetzen und sich Ziele zu erarbeiten.

Der Begriff ›RTL Super Nanny‹ hört sich sehr nach Schlagzeile an. Wie finden Sie die Bezeichnung?

Zu dem Begriff ›Super Nanny‹ habe ich weder positive noch negative Gefühle. Das ist das Label, unter dem ihr Sender das Thema Erziehungsberatung anbietet. Sie sieht zu, dass sie möglichst viel von dem, was sie will, einbringen kann. Im Ergebnis sind diese Dinge ja immer Kompromisse.

Arbeiten Sie beide voll?

Jetzt, wo meine Frau beruflich viel unterwegs ist, habe ich meine Projekte reduziert, um mehr für die Kinder da sein zu können. Ich bin flexibel, habe ja Gott sei Dank niemanden, der mir meine Arbeitszeiten vorgibt. Ich stehe um sechs Uhr auf, gehe um Mitternacht ins Bett. Von 14 Uhr bis 19 Uhr stehen die Kinder im Mittelpunkt. Wenn ich beruflich unterwegs sein muss, reisen muss, stimme ich meine Termine nach dem Einsatzplan meiner Frau ab.

Funktioniert Ihre Planung?

Wir arbeiten ja beide vollkommen unregelmäßig und können kaum fürs nächste halbe Jahr im Voraus planen, was auf uns zukommt. Wer wo ist, wobei ich mich natürlich nach ihrem Dienstplan richte. Wenn sie weg ist, bin ich für alles zu Hause zuständig, wenn sie aber da ist, macht sie das, und dann habe ich den Puffer, um meine Dinge voranzutreiben. Wir müssen natürlich auch immer sehen, dass wir es schaffen, etwas Gemeinsames zu unternehmen. Das ist manchmal schwierig. Alte Verabredungen halten wir aber auch heute noch ein: Ich kümmere mich nie um die Wäsche, sie muss nicht einkaufen gehen.

Dr. Christian Saalfrank

Wird Ihre Frau inzwischen auf der Straße angesprochen oder hält sich die Prominenz noch in Grenzen?

Durch die Bekanntheit meiner Frau hat sich nicht viel geändert. Sie war noch nie eine große Einkäuferin. Wenn wir allerdings gemeinsam über den Kudamm gehen, gibt es schon mal Kontaktversuche. Sie wird angesprochen. Ihre größte Fangruppe ist im Bereich der Teenies. Das lässt sich so erklären, weil sie Familiensysteme ja immer positiv für die Kinder zu verändern versucht. Wenn meine Frau mal mit in die Schule der Kinder kommt, dann ist sie selbstverständlich von Kindern umringt.

Unterstützen Sie Ihre Frau noch beruflich?

Ich berate meine Frau, damit sie weiterkommt in der Sache, an der sie jetzt arbeitet. Ich helfe ihr, dass sie sich entwickeln kann, dass sie ihre Vorstellungen verwirklichen kann. Die Interessen der an der Sendung Beteiligten sind zum Teil sehr unterschiedlich, und ich unterstütze sie aktiv bei der Durchsetzung ihrer Ideen.

Könnten Sie sich vorstellen, lediglich Hausmann zu sein?

Die Frage, ob ich »nur« Hausmann sein könnte, stellt sich für mich nicht. Wir sind zwei mitten im Leben stehende Menschen, die noch viel vorhaben und glücklich sind mit ihren Kindern und miteinander. Hausfrau und -mann passen da nicht als Kategorie.

Hat Ihre Frau sich durch den Erfolg verändert?

Meine Frau war mit 22 Jahren keine andere als jetzt. Sie hat sich nicht in ihrer Persönlichkeit verändert, sondern ihre Potenziale entfaltet. Insofern habe ich auch kein Problem mit ihrer Entwicklung. Wir versuchen natürlich, dass die gemeinsame Zeit nicht zu kurz kommt, aber das war früher genauso. Ich hatte ja auch Projekte, wo ich den ganzen Tag außer Haus war oder gereist bin. Da war es umgekehrt. Wir versuchen immer, die Qualität des Gemeinsamen zu erhöhen.

Welche Eigenschaften sind wichtig, damit man eine Partnerschaft wie Sie leben kann?

Wichtig in unserer Paarbeziehung ist, dass wir sehr offen miteinander umgehen, dass wir selbstkritisch sind, dass wir Vertrauen zueinander haben. An meiner Frau schätze ich besonders die Eigenschaft, dass sie sehr zielstrebig ist, dass sie sich für andere, vor allem für Kinder einsetzt. Sie ist sehr sensibel und sieht die Nöte von Menschen. Über Leid und Not, sei es von Kindern oder Erwachsenen, kann man sehr differenziert mit ihr sprechen.

Das hört sich alles sehr harmonisch an. Streiten Sie sich nie?

Ich denke seit 14 Jahren, dass wir zu harmonisch sind. Ich will das auch noch weitere 50 Jahre denken. Natürlich streiten wir auch. Aber nicht häufig. Eher selten. Streit muss sein. Manchmal sollte man einen vom Zaun brechen, damit man sich spürt. Damit eine Beziehung Höhen haben kann, braucht sie auch Tiefen.

Was bedeuten Ihnen Ihre Kinder?

Kinder bedeuten Glück und Stärke in unserem Leben. Wenn wir merken würden, dass die Kinder unter unserem persönlichen Ehrgeiz leiden sollten, müssten wir unseren Ansatz sofort überdenken und korrigieren. Unsere Kinder haben durch unsere Aufteilung zu jedem Elternteil eine gleich intensive Beziehung. Ich finde es unglaublich positiv für mich, in so einer Familie zu leben, Teil dieser Familie zu sein. Mit Kindern zu leben, Kinder fröhlich zu erleben, gibt unglaublich viele glückliche Momente. Und wenn alles andere keinen Sinn macht, Kinder machen Sinn.

Würden Sie es wieder so machen?

Dass wir beide Karriere und vier Kinder so gut unter einen Hut bekommen, ist sicher auch die Gunst der frühen Stunde. Ich sage heute, gut, dass wir die Kinder so früh bekommen haben. Man weiß ja oft erst im Nachhinein, dass der Mut, den man hatte, richtig war. Es hätte auch schief gehen können.

Bei uns war es die richtige Entscheidung, es ist nicht schief gegangen, es ist ja auch noch nicht zu Ende. Wenn man älter ist, überwiegen vielleicht aufgrund bisheriger Erfahrungen die hemmenden Momente. Die Kräfte der Vernunft wirken stärker. Man fragt sich eher, ob das, was man will, richtig ist, und ob man stark genug ist, die Herausforderungen annehmen zu können. Den unbändigen Optimismus der jungen Jahre verliert man. Erfahrungen bringen Skepsis mit sich.

Im Nachhinein betrachtet sage ich aber, gut, dass wir das so gemacht haben. Ich würde es wieder so machen. Denn man wächst ja an den Dingen, die man tut. Von Erfahrungen, die man nicht macht, hat man nichts.

»Meredith ist die erfolgreichste Reiterin, die es je gab. Sie hat alle Rekorde gebrochen und das finde ich großartig«

Markus Beerbaum (36), Mann der zurzeit weltbesten Springreiterin Meredith Beerbaum

Markus Beerbaum lädt mich auf seinen Hof bei Bremen ein, ein wunderschönes Anwesen, zu dem eine lange Allee führt. Als ich ankomme, hat er gerade seine Pferde geritten. Es waren sieben an diesem Tag. Seine Frau Meredith ist in der Küche beschäftigt. Als ich ihr sage, dass meine 16-jährige Tochter ein großer Fan von ihr ist, strahlt sie. Es gibt Tee, im Wohnzimmer steht noch ein überdimensionaler Weihnachtsbaum, der darauf wartet, abgeschmückt zu werden. Markus Beerbaum, der »kleine Bruder« des erfolgreichen Springreiters Ludger Beerbaum, hat so gar keinen Futterneid, weder auf seine erfolgreiche Frau noch auf seinen Bruder. Das macht ihn überaus sympathisch.

Meine Geschichte ist so, dass ich es kenne, »im Schatten« zu stehen. Mein älterer Bruder Ludger Beerbaum ist der erfolgreichste Reiter der Welt. Die Öffentlichkeit sieht es dann einfach so, dass ich in seinem Schatten stehe. Ich selbst habe mich allerdings nie so gefühlt. Ich bin ja selbst auch relativ erfolgreich. Und ich habe von meinem Bruder immer sehr viel Unterstützung bekommen. Seine Einstellung war nie, dass es ihm egal gewesen wäre, was der kleine Bruder macht. Er hat mich gefördert, wo er konnte.

Mit meiner Frau ist die Konstellation ähnlich. Wenn man die Siege gegeneinander aufwiegen wollte, hat sie im Moment wohl die größeren Erfolge. Aber wir verstehen uns als Team. Ich habe relativ großen Anteil an ihrem Erfolg. Meredith gibt mir auch immer wieder zu verstehen, wie wichtig ich für sie und ihren Werdegang bin. Und das finde ich natürlich schön.

Sie sieht ihre erfolgreiche Reiterei als Ergebnis unserer Zusammenarbeit. Bei uns gibt es keinen Futterneid, und insofern habe ich gar kein Problem mit der Situation. Im Gegenteil, ich bin stolz, wenn unser gemeinsamer Stall, unser Team so erfolgreich ist.

Meine Frau habe ich auf einem Reitturnier kennen gelernt. Sie ist 1991 nach Deutschland gekommen in den Stall Schockemöhle. Von dort aus hat sie an verschiedenen Turnieren teilgenommen, und auf einem haben wir uns 1994 kennen gelernt. 1998 haben wir geheiratet. Aber vorher haben wir noch einige Höhen und Tiefen miteinander gemeistert.

Ich glaube, ich war einer der Ersten, der ihr Talent und ihr Potenzial erkannt hat. Es hat mich von Anfang an beeindruckt, wie sie geritten ist. Damals haben noch viele gedacht, Meredith ist Kind reicher Amerikaner, und sie hatte das Image, das Amerikaner, die hier in Deutschland reiten, haben.

Ich fand es sehr mutig von ihr, mit 21 Jahren allein nach Europa zu kommen. Es war ihr als Amerikanerin sicher auch gar nicht bewusst, auf was sie sich da eingelassen hatte. Sie ist aber mit dem richtigen Engagement darangegangen. Sie hatte Ehrgeiz und Biss. Das fand ich sehr toll. Sie hat mich erst mal rein sportlich beeindruckt, und sie hat damals schon ihr großes Talent gezeigt. Sie brauchte natürlich mit ihren 21 Jahren noch den europäischen Feinschliff. Den erhielt sie zunächst durch Schockemöhle und später dann, als wir zusammen waren, haben wir das gemeinsam noch ausgebaut.

Ihr alter, sehr bekannter Trainer George Morris hatte ihr den Stall Schockemöhle vermittelt. Er ist zunächst nur für wenige Monate mit ihr zusammen hierher gekommen. Es hat ihr in Deutschland aber gut gefallen. Der Reitsport läuft hier ja ganz anders ab als in Amerika. Die Art und Weise, wie das hier angegangen wird, hat ihr großen Spaß gemacht und schließlich dazu geführt, dass sie hier blieb.

Ich bin eins von vier Kindern. Wir haben noch zwei Schwestern, die aber die Reiterei nie turniermäßig betrieben haben. Unser Vater ist vor einiger Zeit nach Mecklenburg-Vorpommern gegangen und hat den elterlichen Hof auf Vordermann gebracht. Als wir Kinder waren, arbeitete er als Gutsinspektor bei Graf Metternich auf einem großen Gut im Kreis Göttingen. Zu dem Zeitpunkt hatten wir keinen Grundbesitz. Ludger war früh von zu Hause weggegangen, und es zeichnete sich ab, dass er ein äußerst erfolgreicher Reiter werden würde. Ich ritt auch sehr aktiv. Wir haben beide nach dem Abitur den direkten Weg in die Reiterei gewählt.

Mein Bruder hat zwar noch zwei Semester Betriebswirtschaft studiert, aber irgendwann musste er sich entscheiden, und sein Erfolg gibt ihm ja Recht. Ich hätte zur Bundeswehr gehen müssen. Aber ich hatte das Glück, dass Ludgers Sponsor, die Firma Moksel, mir eine Ausbildung als Groß- und Außenhandelskaufmann im Schlachthof angeboten hat. Das habe ich angenommen, so dass ich die Bundeswehr zwei Jahre aufschieben konnte.

In diesen zwei Jahren hat die Firma mich mit Pferden ausgestattet und unterstützt, so dass ich zwar in der Woche voll im Büro gearbeitet habe, an den Wochenenden jedoch Zeit für Turniere hatte. Und in dieser Zeit habe ich meinen internationalen Durchbruch geschafft. Als ich schließlich zur Bundeswehr musste, bin ich dort direkt zur Sportschule gegangen und konnte meine Reiterei weiter ausbauen.

Unser Vater hat unser Reiten sehr unterstützt. Allein dadurch, dass er Vorsitzender im örtlichen Reiterverein war. Graf Metternich hatte auch eigene Pferde, die wir geritten haben. So hatten wir für damalige Verhältnisse schon sehr gute Pferde. Gemessen an anderen Jugendlichen aber auch wieder nicht. Uns hat früh geprägt, dass wir uns einiges selbst erarbeiten mussten. Uns flogen nicht die gebratenen Tauben in den Mund, sondern wir mussten das Ganze schon aus eigener Kraft leisten. Aber das war sicher gut so.

Heute glaube ich, für jeden Reiter ist es wichtig, dass nicht alles von alleine geht, sondern dass man auch Tiefen kennt und mit Krisen klar kommt. Es sollte nicht zu einfach sein, was bei Jugendlichen heute manchmal der Fall ist. Denn je weiter man nach oben kommt, desto schwieriger wird es, sich durchzusetzen.

Ich habe den ganz klassischen Weg gemacht über Erfolge auf ländlichen Reitturnieren zunächst in Niedersachsen. Mein Bruder war wesentlich schneller als ich. Er war schon im Jugendbereich sehr erfolgreich. Bei mir ging es mit dem Engagement bei der Firma Moksel erst richtig los. Da war ich 21 Jahre alt. Herbert Meyer, der damalige Bundestrainer, hat mein Talent erkannt und versucht, mich zu fördern.

Bei dem Bundestrainer der Junioren und jungen Reiter war ich nicht so geschätzt, so dass meine Karriere erst relativ spät startete. Und obwohl ich in seinem Schatten stand, war mein maßgeblicher Förderer doch mein Bruder Ludger.

Meine Frau und ich reiten im Moment 20 Pferde. Ich trainiere etwas mehr als sie. Wir haben noch zwei Schüler im Stall, die eigene Pferde bei uns haben. Unser Pflegepersonal kann reiten und bewegt unsere Tiere, wenn wir unterwegs sind, Turniere haben, Pferde anschauen müssen oder Unterricht geben. Aber wenn wir da sind, reiten wir die Pferde selber.

Unser Tag beginnt um 8.30 Uhr. Nach einem kurzen Frühstück fangen wir beide an zu reiten bis gegen 12 Uhr. Jeder von uns reitet sechs bis sieben Pferde, jedes Pferd wird zwischen einer halben und einer drei viertel Stunde geritten. Es ist übrigens ein Vorurteil, dass die großen Reiter ihre Pferde bereiten lassen. Es ist so, dass Bereiter das konditionelle Arbeiten übernehmen können. Aber wenn es ums richtige Training geht, das macht jeder Reiter selbst. Man muss ja sein Pferd aus dem FF kennen.

Meine Frau kocht mittags – nichts Aufwändiges, einen Salat, ein Stück Fleisch dazu. Nachmittags macht Meredith Büroarbeiten, schreibt Rechnungen. Das Bezahlen der Rechnungen und andere Bankangelegenheiten erledige ich. Und ich reite nachmittags auch noch einige Pferde, während meine Frau am Schreibtisch sitzt. Wir haben im Moment kaum eigene Pferde. Zwei erfolgreiche Stuten meiner Frau haben wir aus dem Sport genommen und züchten nun mit ihnen. Das wird sich in Zukunft entwickeln, weil wir gute Stuten im Sport haben und wenn die nicht mehr auf Turnieren laufen, werden sie in die Zucht gehen.

Meine Frau reitet die Pferde der Amerikanerin Nancy Clark, die eine gute Freundin von uns ist. Ich reite für eine andere amerikanische Familie, Familie Firestone. Die Tochter der Familie reitet auch und wird von mir betreut. Ich fliege zum Training dann ab und zu für einige Wochen rüber. Dort nehme ich auch an Turnieren mit den Pferden der Familie Firestone teil.

Meine Frau gibt keinen Unterricht. Ich dagegen mache das sehr gern. Sie konzentriert sich im Wesentlichen auf den Turniersport. Meine Pferde sind zwar auch gut, allerdings nicht so gut, um die Chance zu haben, in eine Championatsmannschaft zu kommen. Und so ist die Konzentration auf die Turniere bei mir im Moment nicht ganz so gefragt wie bei meiner Frau. Das hat sich jetzt so ergeben, kann sich in der Zukunft aber auch wieder ändern, je nachdem, wie es mit der Familienplanung weiter geht.

Was den Erfolg meiner Frau betrifft, muss ich sagen, ich genieße es. Weil es auch irgendwo mein Erfolg ist und meine Frau keinen Zweifel daran lässt, dass ich großen Anteil daran habe. Ihre Wertschätzung ist mir sehr wichtig, und sie macht es mir natürlich leicht. Meredith legt großen Wert auf meine Meinung und ist sogar manchmal, wenn ich nicht da bin, ein wenig unsicher.

Es ist ihr immer wichtig, dass ich dabei bin, und das ist sicher auch Teil ihres Erfolges. Natürlich ist sie sehr selbstbewusst und willensstark. Aber viele Leute denken, sie geht mit einem dicken Fell durch diese Männerwelt. Ganz so ist es nicht. Sie tritt zwar forsch auf, ist aber auch angreifbar und sensibel. Diese männliche Springreiterwelt und das Sich-behaupten darin sind nicht so einfach, wie es manchmal nach außen scheint. Die Männer gehen mit ihr so rau um, wie sie es auch untereinander tun, lassen sie auch durchaus mal vor eine Wand laufen.

Das ist bisweilen hart für sie. Von den Männern – behaupte ich mal – ist das nicht bewusst oder in böser Absicht gemeint, sondern eher, weil Meredith inzwischen als ihresgleichen angesehen wird. Aber wenn beispielsweise mal eine Analyse eines Rittes stattfindet

Markus Beerbaum

und ein Mann poltert, das war eindeutig deine Schuld, wie konnte das passieren, ist meine Frau schon sehr feinfühlig und harte Worte perlen keinesfalls an ihr ab.

Da ist sie einerseits realistisch, aber sie wünscht sich mehr Sachlichkeit und keine persönlich wirkenden Vorwürfe. Sie möchte nicht vor den Kopf gestoßen werden. Wenn das auf einem Turnier passiert und ich nicht dabei bin, beeinflusst sie das mental durchaus und schafft eine schwierigere Ausgangsposition. Ich kann da eine Menge ausgleichen und auffangen. Einem Mann fällt es sicher leichter, sich freizuboxen oder blöde Sprüche zu ignorieren.

Die jeweiligen Turnierpläne des kommenden Jahres versuchen wir gemeinsam zu gestalten. So, dass wir viel zusammen unterwegs sind. Manchmal ergibt es sich, dass wir getrennte Wege gehen. Aber die Highlights und wichtigen Stationen erleben wir schon gemeinsam. In Deutschland sind wir sowieso meistens gemeinsam am Start. Und zum Welt-Cup-Finale oder zu vergleichbaren Veranstaltungen ist es für mich selbstverständlich, dass ich mitkomme, um Meredith zu betreuen.

Ich bin sehr glücklich über meine Frau. Sie ist die erfolgreichste Reiterin, die es je gab. Sie hat alle Rekorde gebrochen und das finde ich einfach großartig. Vor ihr war noch keine Frau die Nummer eins in der Welt des Springreitens. Zweimal hat sie die Riders Tour gewonnen. Nach langer Zeit war sie die erste Frau, die wieder das Welt-Cup-Finale und den Großen Preis von Aachen gewonnen hat. Und das alles in kurzer Zeit. Das verleiht ihr das Prädikat, dass sie die erfolgreichste Reiterin der Welt ist. Besonders schätze ich aber auch, dass Meredith ein sehr lieber Mensch ist, viel Humor hat und sehr viel Energie besitzt. Da passt einfach alles zusammen.

Wenn ich mich als Partner charakterisieren sollte, würde ich sagen, auch ich habe viel Humor. Ich gehe an Dinge positiv heran. Wenn es mal nicht so gut läuft, schaue ich nach vorne und nicht zurück. Selten gibt es mal einen Spruch in die Richtung, »deine Frau hat ja alles super im Griff«. Das nehme ich nie persönlich, sondern begreife es eher als Kompliment und freue mich.

Mein Bruder Ludger musste, wie die meisten männlichen Reiter, lernen, damit umzugehen, dass Meredith so gut ist. Das war für ihn auch eine neue Situation. Doch er hat sich längst daran gewöhnt. Die Umstellung hatte natürlich auch damit zu tun, dass wir lange Zeit sehr eng zusammen gearbeitet haben, er mich sehr unterstützt hat und sich das dann, als ich meine Frau kennen gelernt habe, mehr in Richtung Meredith verlagert hat. Das war verständlicherweise für ihn schwierig.

Als meine Frau den ›Bambi‹ bekommen hat, habe ich sie begleitet und mich sehr für sie gefreut. Ich fühle mich durch Auszeichnungen, die sie bekommt, nicht in den Hintergrund gedrängt und habe auch kein Problem damit.

Dass wir denselben Sport und dasselbe Geschäft betreiben, empfinde ich als schön. Dadurch sind wir viel zusammen. Konkurrenzsituationen gibt es bei uns nicht. Das ständige Zusammensein klappt sehr gut und wir sind froh, dass wir so viel Zeit miteinander verbringen können. Manchmal versuchen wir, völlig abzuschalten, gehen abends essen oder verreisen. Weg von dem normalen Pferdegeschäft. Meist in die Sonne, die meine Frau als gebürtige Kalifornierin oft vermisst.

Was für unsere Partnerschaft gut war und warum unsere Ehe gut klappt, war, dass wir uns vor unserer Hochzeit gemeinsam selbständig gemacht haben. Das war ein großer Schritt. Und sportlich ein großes Risiko, eine schwierige Zeit. Wir haben eine GmbH gegründet, in Balve einen kleinen Stall gemietet und versucht, Berittpferde zu bekommen, den Stall aufzubauen, damit Geld zu verdienen. Krisen hatten wir durchaus.

Gerade am Anfang, als meine Frau ihren Sponsor verlor, der sie nach Europa gebracht und sie unterstützt hatte. So hatte sie in der Anfangszeit unserer Selbständigkeit keine Pferde. Noch dazu hatte sie sich an einem Pferd beteiligt, das kurzerhand nach Amerika verkauft wurde. Da fiel sie sportlich in ein Loch. Durch dieses Tief sind wir gemeinsam gegangen und haben gesehen, dass sie wieder Pferde bekommt.

Es stellte sich schnell heraus, dass das Vermitteln der Pferde nach Amerika gut lief. Das Amerikageschäft ist immer weiter gewachsen, wir hatten Glück, dass der Dollar stark war und die Amerikaner viele Pferde hier kauften. Durch die Kontakte meiner Frau ist viel in Gang gekommen. 90 Prozent der Geschäfte, die wir machen, gehen inzwischen nach Amerika. Ich kümmere mich um die amerikanischen Kunden. Das ist unsere Arbeitsteilung. Sie ist aktiv im Sport, während ich die Pferde ausbilde und mit den Kunden zu tun habe.

Die Erfolge, die wir haben, sind eher als Werbung in eigener Sache zu verstehen. Von Preisgeldern kann man nicht leben. Unser geschäftlicher Erfolg liegt mehr im Ausbilden und Verkaufen von Pferden. Wir haben viele Pferde vermittelt, die gleich in den großen Sport gehen konnten, aber auch ganz junge.

Nach zwei Jahren Selbständigkeit hatten wir die Chance, dieses Anwesen in Thedinghausen, wo wir jetzt leben, zu kaufen. Wenn der Schritt in die Selbständigkeit ein relativ kleiner Schritt war, so war dies ein großes Wagnis, eine große Entscheidung. Wir haben Platz für 45 Pferde, aber wir haben meist nur 35 bis 40 Pferde hier stehen, weil wir immer mal Gäste aufnehmen.

Als wir gemerkt haben, dass wir die richtigen Schritte unternommen hatten, war es klar, dass wir uns sagten, wir sind so gut über all diese Dinge miteinander ausgekommen, wir heiraten. Hätten wir früher geheiratet, wäre die ein oder andere Krise sicherlich schwieriger zu meistern gewesen. Denn wären wir in Krisen nicht miteinander klar gekommen, hätten wir nur das Geschäftliche trennen müssen. Durch die schwierigen Zeiten finanzieller und sportlicher Art sind wir menschlich aber noch enger zusammengewachsen.

Man braucht viel Optimismus in diesem Geschäft, weil man auch schwere Zeiten bewältigen muss. Man darf nicht leicht aufgeben. Und letztlich kommt es im internationalen Sport zu 70 bis 80 Prozent auf das Pferd an. Wie gut der Reiter ist, macht da nicht mehr so viel aus. Wir haben festgestellt, dass wir beide das Talent haben, gute Pferde zu entdecken und auch auszubilden. Das ist sicher nicht jedermanns Sache.

Bei einem guten Pferd wird man leicht verleitet, zu schnell zu viel aus ihm herausholen zu wollen. Und da kommt wieder die Stärke meiner Frau zum Tragen, die durch viel Geduld dem Pferd die Chance gibt, gemeinsam zu wachsen. Das ging los mit Stella, die sie sechsjährig bekommen und in die internationale Spitze gebracht hat. Tolle Leistung!

Natürlich spielt auch das Glück eine Rolle, ob man ein Pferd richtig erkennt, ob es gesund bleibt, ob der Besitzer nicht irgendwann sagt, mir wird so viel Geld geboten, ich verkaufe das Pferd. Man braucht im internationalen Sport Leute im Hintergrund, die das auch ermöglichen. Wir haben im Moment das Glück, solche Leute zu haben, die es nicht nötig haben, mit ihren Pferden Geld zu verdienen. Die haben einfach Spaß am Erfolg ihrer Pferde.

Heute könnte ich mir eine klassische Partnerschaft – sie fürs Haus zuständig, ich für den Beruf – nicht mehr vorstellen. Es ist einfach eine Riesenentlastung, wenn das Geschäft von beiden getragen wird.

Die Konkurrenz im Reitsport ist ja auch immer größer geworden. Früher gingen beim großen Preis 35 Reiter an den Start und von denen konnten fünf gewinnen. Heute gehen 45 an den Start und von denen können 80 Prozent gewinnen. Früher galten die Reiter als feierfreudiges Völkchen. Das können wir uns heute nicht mehr erlauben. Wer nicht ausgeruht, frisch und fit an den Start geht, ist im Nachteil.

Wir müssen sehr auf unsere Kondition achten, dass wir ausgeschlafen sind und keinen Kater haben. Man muss heute in der Reiterei mental genauso fit sein wie in allen anderen Sportarten auch. Daran arbeitet Meredith und da ist sie auch gut. Sie hatte ja schon sehr schwere Verletzungen durch Stürze. Einen Schlüsselbeinbruch und einen Schien- und Wadenbeinbruch. In der Phase der Heilung hat sie entdeckt, wie sehr ihr das Fitnesstraining beim Reiten hilft, und das dann beibehalten. Und sie hat sich in der Zeit auch mental verbessert. Sie lässt sich nie hängen, arbeitet immer an sich.

Es gibt mehr und mehr Reiter, die Fitnesstraining machen, laufen, mit Gewichten arbeiten. Ich habe das von meiner Frau übernommen und habe die Erfahrung gemacht, je stärker man physisch ist, umso stärker reitet man. Und auch das Mentale wird heute trainiert. Meine Frau liest Bücher darüber und glaubt fest daran. Es ist einfach wichtig, auch gut drauf zu sein. Heute geht es ja um Millimeter. Und wenn das Hauptaugenmerk auf dem Sport liegt, wie bei meiner Frau, muss man alles geben.

»Wenn jemand evangelischer Papst werden würde, dann meine Frau.
Sie hätte das Zeug dazu, und das wusste ich schon, als ich sie das erste Mal sah«

Foto: © privat

Pfarrer Eckhard Käßmann (51), Programmleiter des Landeskirchentages, Religions- und Theaterpädagoge und Ehemann der Landesbischöfin Margot Käßmann

Pfarrer Eckhard Käßmann ist der unkomplizierteste Pfarrer, den ich je kennen gelernt habe. Nachdem es mir über seine Frau, die Bischöfin Margot Käßmann, gelungen war, ihn per E-Mail zu erreichen, gab er mir gleich die private Telefonnummer der Familie. Bei meinem Anruf in der Absicht, einen Termin zu vereinbaren, meinte er: »Legen Sie mal gleich los mit Ihren Fragen.« So kam ich zu einem sehr spontanen und sehr offenen Interview mit Pfarrer Käßmann. Seine Frau Margot, Tochter eines Kfz-Schlossers und einer Krankenschwester, gilt heute als die profilierteste Frau im deutschen Protestantismus. Mit 3,3 Millionen Mitgliedern ist die Evangelisch-Lutherische Landeskirche Hannover die größte deutsche Landeskirche.

Dass ich eine erfolgreiche, prominente Frau an meiner Seite habe, ist für mich eine Übung seit vielen Jahren. Ich konnte da hineinwachsen, und inzwischen hat längst ein Gewöhnungsprozess stattgefunden. Schon vor 20 Jahren begann ihre Karriere.

Wir haben beide Theologie studiert, ich allerdings im zweiten Anlauf. Ich habe das Abitur gemacht, musste danach zur Bundeswehr und habe bis kurz vorm ersten Examen in Bonn zunächst Jura studiert. Eine anonyme große Uni, an der ich mich nicht wohl fühlte.

Ich bin immer wieder über den Gedanken gestolpert, was ist überhaupt Gerechtigkeit? Bei der Gelegenheit kamen mir die kirchlichen Zeltlager in Erinnerung, die ich als Kind mitgemacht hatte und die ich herrlich fand. Das war für mich ein Zuhause gewesen. Ich bin dann nach Marburg gewechselt, da war ich keine Nummer mehr wie in Bonn, die Uni war viel überschaubarer. Dort fing ich an, Theologie zu studieren. Ich hatte allerdings weniger Gefallen an der klassischen Theologie, sondern habe mich mehr mit Philosophie und Kirchengeschichte beschäftigt.

Bei meiner Frau kam die Hinwendung zur Theologie über eine Arbeit, die sie über Martin Luther King geschrieben hatte, während sie in der elften Klasse in den USA war. Dass man Politik und Religion vereinbaren kann, fand sie so spannend, dass sie dieses Thema nicht mehr losgelassen hat. Danach war klar, nach dem Abi wird Theologie studiert. Wir hatten beide einen sozial-ethischen Ansatz. Ich habe mich öfter gefragt, bin ich eher der Sozialpädagoge oder eher der Theologe? Ich bin wohl am ehesten der sozial denkende Theologe.

Margot und ich haben uns als Studenten bei einem Betriebspraktikum in einer Fabrik, genauer gesagt in einer Fabrikhalle kennen gelernt. Ich fand sie schon damals sehr interessant und habe ihre Nähe gesucht. Sie arbeitete nämlich in einer anderen Halle als ich, so dass ich immer von Halle zu Halle gewandert bin.

Diese Begegnung war der Anfang unserer Beziehung vor 30 Jahren. Wir waren uns schnell einig. Margot erwiderte meine Gefühle, wir hatten die gleichen Ziele und Vorstellungen von unserem Leben und nach einem Jahr haben wir geheiratet. Alles passte. Sehr schnell kam dann auch die erste unserer vier Töchter. Und schon standen wir vor der Frage: Wie organisieren wir uns? Zu der Zeit waren wir beide mit unserem Theologiestudium fertig und in der Ausbildung zum Vikar.

Bei meiner Frau kündigte sich ihr kometenhafter beruflicher Aufstieg schon an. Sie war gerade 24 Jahre alt, als sie in den Weltkirchenrat berufen wurde. Wenn eine Frau in ein Gremium wie den Weltkirchenrat berufen wird, fragen einen die Männer automatisch: Und was ist mit dir?

Mit Blick auf mich fragte sie natürlich auch: Trägst du das mit? Für mich war das keine Frage. Es stand nie zur Diskussion, dass wir gleichberechtigt sind, was Kinder, Beziehung und Beruf anbelangt. Wir haben den Haushalt geteilt, das ist bis heute so. Es war bei uns nie ein Dogma, wer was macht. Es fügte sich immer. Es gab auch nie einen Konkurrenzkampf. Wir waren uns einig bei dem Thema Mann, Frau, Karriere. Für mich war es selbstverständlich, dass ich genauso mit anfasse, weil wir beide mit der Ausbildung fertig werden wollten. Es macht alles einfacher, wenn beide später die gleichen Chancen haben.

Ich kannte es schon von meiner Mutter nicht anders. Meine Mutter war irgendwann auch wieder berufstätig, weil unser Haus finanziert werden musste. Für meine Schwester und mich gehörte es dazu, dass wir uns um den Haushalt mit kümmerten. Wir haben sauber gemacht, Schuhe geputzt. Irgendwann habe ich gemerkt, selbstgemachtes Essen schmeckt besser als Fertiggerichte oder Kantinenessen, und so habe ich auch angefangen zu kochen.

Deshalb war das auch nie ein Identitätsproblem für mich, wenn ich den Kinderwagen schob, den Mädchen Essen zubereitete oder mit meinen Kindern auf den Spielplatz ging.

Natürlich mussten wir ständig Termine abstimmen, aber mit unserem Umfeld ging das gut. Meine Schwiegermutter hat uns geholfen. Mit Unterstützung unserer Mentoren haben wir auch einiges hinbekommen. So konnten wir beide den Abschluss zur gleichen Zeit machen.

Nachdem wir fertig waren, standen wir vor der Wahl: Fange ich an oder fängst du an? Wir gingen schließlich als Paar in die hessische Provinz, in den Ort Spieskappel. Dort gab es eine große Gemeinde, wo ich als Pfarrer eingestellt wurde. Die Arbeit haben wir uns geteilt. Bald kündigten sich unsere Zwillinge an, und wir hatten drei Kinder. Doch mit einer Tagesmutter war das alles gut zu organisieren. Für diese Gemeinde war von vornherein klar, da kommt ein Ehepaar mit Kindern, das entsprach dem lutherischen »Kinder-unterm-Weihnachtsbaum-Bild«. Die Resonanz in der Gemeinde Spieskappel war positiv, wir waren jung, dynamisch. Die erste Stelle eben.

Durch ihre Arbeit als Jugenddelegierte im Weltkirchenrat und in anderen Gremien hatte meine Frau bereits Mitte der 80er Jahre einen gewissen Bekanntheitsgrad, was man in Spieskappel auch begrüßte. Meine Frau brachte durch ihre Prominenz Presse in den Ort. Auch das Fernsehen kam, und plötzlich gab es in Spieskappel einen Fernsehgottesdienst. Es folgten das ZDF und der Hessische Rundfunk. Die Medien interessierte, wie wir das als junges Ehepaar mit Kindern machten.

Von meiner Funktion her war ich in der Gemeinde der Pfarrstelleninhaber, aber meine Frau arbeitete mit, wo sie konnte. In einer großen Gemeinde gibt es immer viel zu tun. Außerdem hat sie in der Zeit promoviert.

Die Doktorarbeit meiner Frau handelte von Gerechtigkeit. Uns verbindet das Gefühl für Gerechtigkeit, für gerechte Strukturen hier bei uns und weltweit.

Man hat zu der Zeit sozusagen schon gerochen, dass aus ihr noch viel mehr werden wird. Ich werde natürlich gefragt, wie ich damit zurechtkomme, mit einer engagierten bekannten Frau und den Kindern. Aber da ich ja den Gewöhnungseffekt hatte, war das für mich gar kein Problem.

Nach weiteren sieben Jahren bin ich aus meinem Beruf als Pfarrer ausgeschieden, denn meine Frau bekam das Angebot, an der Evangelischen Akademie Hofgeismar bei Kassel zu arbeiten.

Da war für mich der Zeitpunkt gekommen zu sagen: Okay, dann bleibe ich jetzt zu Hause. Unsere vierte Tochter war knapp ein Jahr alt. Margot hat dann zwei Jahre lang an der Akademie gearbeitet und ich war durchgängig bei den Kindern. 1995 kam für sie der Ruf als Generalsekretärin des Kirchentages in Fulda.

Wir gingen also nach Fulda und ich wäre durchaus weiter zu Hause geblieben, wenn nicht das Angebot gekommen wäre, auf halber Stelle in der Hochschulgemeinde zu arbeiten. Das habe ich dann gemacht, weil sich das wunderbar mit den Kindern vereinbaren ließ. Der Kindergarten befand sich direkt unter meinem Büro.

Es folgten fünf aktive Jahre für meine Frau und mich, bis der Ruf nach Hannover kam. Im Juni 1999 wurde sie – damals 41 Jahre alt – zur Bischöfin der Evangelisch-Lutherischen Landeskirche Hannover gewählt, mit 3,3 Millionen Mitgliedern die größte deutsche Landeskirche. Nach Maria Jepsen wurde meine Frau damit die zweite

Frau in dieser Position. Ihre Herkunft aus dem Öko-, Friedens- und Gerechtigkeitsflügel hat sie nie verleugnet.

Ich bin wieder aus dem Beruf ausgestiegen, bis ich das Angebot erhielt, Schwangerschaftsvertretung in einer Schule zu machen. Auf diese Weise bin ich in eine halbe Stelle als Lehrer für Religion und Theater gerutscht, denn ich hatte zwischenzeitlich, als ich zu Hause war, eine Ausbildung als Theaterpädagoge absolviert. Seit gut einem Jahr bin ich wieder voll berufstätig und pendele zwischen Hannover und Kassel, gehöre also zu den Männern, die mit ihrer Bahncard 100 in der ICE-Abteilung sitzen. Ich bin Programmleiter für den kurhessischen Kirchentag. Das geht gut, denn drei Mädchen sind inzwischen aus dem Haus, nur unsere Jüngste, die 14-jährige Esther, lebt noch bei uns.

Neben meinem Beruf reise ich durch die Lande und halte Vorträge vor Männern. Für uns war es, wie gesagt, nie ein Dogma, wer was macht, und wir haben nie ein besonderes Emanzipationsprogramm diskutiert. Es passte und ich wollte das auch nie groß nach außen propagieren. Es kamen bei einem Kirchentag Anfang der 90er Jahre aber andere auf mich zu. Männer suchten Männer, die das taten, was ich machte. Zu Hause bleiben, Hausmann sein und Familienmann.

Ich setzte mich also aufs Podium, habe freiweg erzählt und merkte, wie vor allem junge Männer sehr interessiert nachfragten. Mein Vortrag sprach sich herum, und ab da fragten Männergruppen an, ob ich nicht kommen und erzählen könnte. Zumal meine Frau immer bekannter wurde. Ich wurde gefragt, wie das funktioniert an ihrer Seite, ob ich leiden würde. Wie das mit meiner Karriere sei, wie mit den Kindern und überhaupt. Nun bin ich ja keiner, der grau und depressiv im Schatten seiner Frau sitzt. Da ich immer ganz nah an meinen Kindern war, hat mich das auch ganz schön lebendig gehalten. Ich habe eine große Nähe zu meinen Töchtern und muss den Telefonhörer nicht abgeben, wenn eine mit einem Problem anruft. Und das sind die Geschichten, mit denen ich fröhlich bestätigen kann, dass dieses Dasein für Männer ein gutes Lebensprogramm ist. Dass diese Rolle durchaus bereichert.

Es gab natürlich auch schwierige Zeiten. Schwer war der Anfang meines Hausmanndaseins. Ich wollte alles und das auch noch perfekt, und da bin ich gestrandet, denn ich hatte für mich selbst gar keine Zeit mehr. Nicht für Freunde, nicht für Fußball – ich bin immer begeisterter Fußballspieler gewesen.

Da habe ich gemerkt, etwas stimmt nicht. Ich habe ein halbes Jahr gebraucht, bis ich mir sagen konnte: Du musst nicht alles machen. Ich hatte es mir selbst auferlegt. Meine Frau hat immer einen gewissen Teil übernommen, sie hat beispielsweise die Wäsche gemacht. Ich war vor allem für die Kinder da.

Ich habe aber erlebt, dass Frauen und Mütter mich ausgegrenzt haben. Auf dem Spielplatz oder in den Krabbelgruppen war es schwierig, und in den Damenkränzchen war es besonders schwierig. Viele Frauen konnten mit mir so gar nichts anfangen. Das war komisch für die, wenn ich als Mann dabei war. Im Einzelgespräch ging das, aber dort, wo Frauen als Müttergruppe auftraten, wurde ich ausgeschlossen.

Für vereinzelte Frauen war es interessant, dass ich ihre Erfahrungen teilte, und die fragten auch, wie ich damit klar kommen würde. Mit männlichen Kollegen hatte ich in der Zeit darüber keine Gespräche, denn es ergab sich nicht, dass ich welche traf. Für meine Freunde und Kumpel war das auch kein Thema. So etwas thematisieren Männer einfach nicht. Ich habe das selbst auch nie zum Thema gemacht. Was mich dennoch immer begleitet hat, war eine Unsicherheit bei Männern. Die fragten sich wohl im Stillen: Was ist denn jetzt mit dem? Wie soll man mit einem umgehen, der aus dem Beruf ist und zu Hause für die Kinder kocht?

Ich habe mich nicht verkrochen, aber ich habe auch nicht gesagt: Männer, ihr müsst jetzt alle Hausmänner werden. Ich empfand das für mich einfach als normal. Ich empfand keine Nachteile. Ich konnte eher die Vorteile sehen, die mir die Situation brachte.

Ich komme mit Menschen zusammen, die ich ohne meine Frau nie treffen würde. Ich begegne dabei Menschen, die mich von sich aus nicht anziehen würden, aber auch Menschen, die eine Bereicherung darstellen, bei denen ich nachher denke, klasse, den getroffen zu haben.

Ich begegne Männern, die, wie ich, Frauen mit großen Karrieren haben. Da bemerke ich stets eine gewisse Solidarität. Man ist eingeladen vom Kanzler, die Frauen stehen im Mittelpunkt und die Männer an der Seite, und man lächelt sich an, weil man weiß, warum man da ist. Man absolviert sozusagen das Damenprogramm.

1983 habe ich meine Frau mit unserer jüngsten Tochter nach Vancouver begleitet, wo ich Dinge gesehen habe, die ich in meiner hessischen Heimat nie gesehen hätte. Ich komme aus einem Grenzdorf bei Eisenach, war umschlossen von Grenzen und das war meine Welt.

In Vancouver habe ich Indianer getroffen, Leute aus Afrika, und ich habe gemerkt, was wir alles gemeinsam haben. Das war für mich der erste Blick in die weite Welt, und von diesen Erlebnissen habe ich vieles transportiert in mein Verständnis von Welt.

Vorher hatte ich Angst vor der weiten Welt, danach bin ich viel gereist. Bis ich gemerkt habe: Jetzt hast du das nachgeholt und brauchst es nicht mehr. Meine Frau ist beruflich natürlich weiterhin weltweit aktiv. Auch meine älteste Tochter fährt überall hin. Jetzt nach New York und ich halte die Luft an und sage: irre! Was die jungen Leute heute alles machen. Die haben mit 18 ihren Führerschein. Ich wollte den mit 18 gar nicht und bin erst durch die Bundeswehr dazu genötigt worden.

Ein weiterer Grund, warum ich überhaupt nicht leide, ist, dass ich meine eigenen Bereiche habe. Mich laden Leute ein, die wollen mich haben, nicht, weil ich der Mann der Bischöfin bin. Natürlich gibt es auch welche, die mich nur als Mann der Bischöfin wollen, und das ist mir dann zu wenig. Ich habe ja mehr zu sagen und zu geben. Das sind oft Männer, bei denen ich denke, schade, dass ihr mich in dieser Rolle braucht. Ich bekomme dann so etwas wie einen Schaucharakter und das gefällt mir weniger.

Was meine Frau an mir immer gut fand und findet, ist, dass ich nicht so ein tausendprozentiger Kirchenmensch bin. Ich passe in kein Klischee. Ich bin immer noch ich. Ich mache mit meinen 51 Jahren absolut mein Ding, und manchmal findet meine Frau, ich könnte ein wenig diplomatischer sein. Auf Stehpartys reagiere und rede ich bisweilen etwas unkonventionell. Aber ich ziehe auch, wenn meine Frau es sich wünscht, einen Anzug an und binde mir eine Krawatte um.

Mich fasziniert an meiner Frau ihre Stärke. Ich finde unsere Konstellation sehr spannend. Es kommt beispielsweise vor, dass ich die Bahnzeitung aufschlage und ein Bild von meiner Frau sehe. Überrascht lese ich den Text und stelle fest, guck mal an, die sagt was zum Thema Fußball, wovon sie eigentlich gar keine Ahnung hat. Ich bin dann stolz auf meine Frau und bewundere sie.

An meiner Frau mag und schätze ich ganz besonders, dass sie sich immer treu geblieben ist. Man versteht sie als Theologin, als Frau und als Mensch. Sie braucht keinen Übersetzer. Sie ist sehr authentisch. Und das in einem Bereich, wo mancher vor lauter Diplomatie kein klares Wort mehr herausbekommt.

Was ich auch mag, ist ihre Riesenmutterliebe, die ihr über alles geht. Da frage ich mich manchmal: Wo nimmt die Frau diese Kraft her? Und dann mag ich dieses Gerade, dieses Unverblümte. Sie sagt, wenn ihr danach ist: »Ich lege mich jetzt ins Bett.« Und das tut sie dann auch. Das könnte ich gar nicht, das würde ich mir nicht erlauben.

Ich nehme den Satz nicht zurück, den ich schon vor Jahren gesagt habe, wenn jemand evangelischer Papst werden würde, dann würde sie das sein. Sie hätte das Zeug dazu, und das wusste ich schon, als ich sie das erste Mal sah.

Wenn ich mich nur als den Mann der Bischöfin empfinden würde, das täte mir nicht gut. Aber wenn ich irgendwo sitze, bin ich das.

Und ich bin mir bewusst, wenn einer über Jahre einen Haushalt mit Kindern gemanagt hat, ist das alle Ehren wert. Natürlich ist das etwas, was in der Wertskala der Männer immer noch keine Rolle spielt. Wenn ich im ICE sitze, sehe ich auch, dass andere Werte mehr zählen. Ich mit meiner Hausmanngeschichte bin ja gar nicht mehr angesagt. Ich habe bei alldem trotzdem ein gesundes Selbstwertgefühl, sonst käme ich nicht zurecht.

Was wir teilen, ist unsere absolute Priorität der Familie. Unsere Beziehung drückt sich in dieser Priorität der Familie aus. Wir wollten immer mehrere Kinder haben. Ich wurde neulich von einer Männerzeitschrift gefragt, wie es wäre, wenn ich keine Kinder hätte. Die Frage stellt sich für mich überhaupt nicht. Bei uns kamen die Kinder sehr schnell. Das ist eine starke Definition unserer Partnerschaft und auch die als Mann und Frau. Wir sind in erster Linie Vater und Mutter. Wir sind viel unterwegs, und wenn wir uns zu Hause treffen, managen wir in kurzer Zeit den Haushalt.

Wir haben zudem denselben Stallgeruch, weil wir beide aus Arbeiterfamilien kommen. Ihr Vater war Kraftfahrzeugschlosser, mein Vater war Bergmann. Ihre Mutter war Taxifahrerin und Gemeindeschwester. Meine Mutter war Hausfrau und Fabrikarbeiterin. Eine ähnliche Herkunft verbindet natürlich. Man spricht die gleiche Sprache.

Was eine kuschelige Zweierbeziehung ausmachen würde, kommt bei uns natürlich zu kurz. Aber das wollten wir auch nie. Vielleicht Gott sei Dank. Nur für uns sein, das war nie unser ausgeprägtes Bedürfnis, und der Wunsch ist bis heute nicht da. Wir können beide gut allein sein und wir können es beide immer besser. Jeder hat seine Bereiche, die sich auch nicht mit denen des Partners überschneiden. Mein privater Freundeskreis ist nicht unbedingt der meiner Frau und umgekehrt kann ich mit manchen Leuten gar nicht, mit denen sie sehr gut kann.

Mit meinen Fußballkollegen könnte sie sich kaum abendfüllend unterhalten, denn das ist eine ganz andere Welt, und das will sie auch nicht. Ich habe sie nie zum Fußballplatz getragen, auch nicht, als ich noch regelmäßig aktiv gespielt habe. Ich hätte nicht ertragen, wenn meine Frau mit Kinderwagen am Spielfeldrand gestanden hätte, wie das so viele Spielerfrauen tun.

Wir haben gute getrennte Bereiche. Meine Frau hat den Kontakt zu ihren speziellen Frauengruppen, wo sie ganz anders reden kann, als wenn Männer dabei wären. Die Frauen gehen gemeinsam ins Kino und essen. Da bin ich eher ein Muffel. Im Kino war ich zum letzten Mal mit meiner Tochter. Wir haben das »Wunder von Bern« gesehen. Lange her. Je älter wir werden, desto mehr gestatten wir uns unser Eigenleben.

Jeder kann den anderen so sein lassen, wie er ist. Neulich sagte jemand im Fernsehen, das ist ein Geschenk, wenn man das kann. So sehe ich das auch. Und das haben wir wohl beide begriffen. Ich habe es neulich registriert, als meine Frau ein Paar getraut hat. Da ging es in ihrer Ansprache auch um die Gefahr, den Versuch zu unternehmen, den anderen erziehen und vereinnahmen zu wollen.

Das Paar trennte sich 2007, nachdem Margot Käßmann an Krebs erkrankt war.

»Was ich sehr an ihr schätze, ist, dass sie ein echter Kumpel sein kann«

Botho von La Chevallerie (45), Rechtsanwalt und Lebensgefährte der Schriftstellerin Gaby Hauptmann

Gaby Hauptmann erlangte Bestsellerstatus mit Romanen wie
»Suche impotenten Mann fürs Leben«, »Nur ein toter Mann ist ein
guter Mann« oder »Hengstparade«. Die meisten ihrer Bücher wur-
den verfilmt. Die Journalistin und Schriftstellerin hat das Image
einer extrovertierten, frechen und emanzipierten Karrierefrau. Da
ich ihren Lebensgefährten nicht kenne, frage ich bei ihr an. Äußerst
kollegial setzt sie sich bei ihrem Freund Botho von La Chavellerie,
einem Anwalt für Familienfragen, dafür ein, dass er mir ein Inter-
view gibt. »Wenn er sich nicht meldet, Bescheid geben. Sie wissen ja,
Männer!« Das tue ich auch einmal und nach einigem Hin und Her
habe ich ihn an der Strippe. Und erfahre ganz neue Dinge über
Gaby Hauptmann.

Gaby Hauptmann entspricht privat nicht ganz dem Bild, das von ihr
in der Öffentlichkeit besteht. Ihr Image – extrovertierte, alleinerzie-
hende Powerfrau mit Porsche – beschränkt sich auf Äußerlichkeiten
und ist eher einseitig.

Tatsächlich ist sie sehr bodenständig, hat Freude an einfachen
Dingen, hat ein charmantes, freundliches, humorvolles Wesen und
ein offenes Ohr für praktisch jedermann.

Verglichen mit mir ist sie allerdings schon extrovertiert. Sie ist
von uns beiden der aktive, manchmal ungeduldige Teil, der Macher,
während ich mehr der Gemütsmensch bin, der ruhende Pol, der die
Dinge lieber zweimal überlegt, bevor er sie macht, während Gaby
gelegentlich dazu neigt, Sachen einfach zu tun, ohne groß darüber
nachzudenken.

Sie ist ein Bauchmensch, ich bin ein Kopfmensch. Ihre öffentliche Darstellung erfasst naturgemäß mehr die Seite, die für ihren
schriftstellerischen Erfolg maßgebend ist.

In der Partnerschaft sind wir sicher auf Augenhöhe. Beruflich
lässt sich das allerdings nur sehr schwer vergleichen. Es gibt nun
mal nicht viele Parallelen zwischen Schriftsteller und Anwalt. Wenn

man jedoch, wie weithin üblich, Erfolg an Bekanntheitsgrad und Einkommen misst, ist Gaby ohne Zweifel wesentlich erfolgreicher als ich.

Kennen gelernt habe ich Gaby erstmals vor 18 Jahren durch meinen Vetter Karl Freiherr von der Trenck, der bei einer Veranstaltung des Bayerischen Rundfunks in München auf sie gestoßen war und sie mit zu mir nach Hause brachte. Damals war sie noch Journalistin beim SDR in Baden-Baden und weitgehend unbekannt. Obwohl es durchaus eine gewisse Anziehungskraft gab, waren unser beider Lebensumstände nicht so, dass sich ernsthaft etwas hätte entwickeln können. Wir trafen uns ein paar Mal und verloren uns wieder aus den Augen.

Erst elf Jahre später haben wir uns wieder getroffen und danach hat es dann gefunkt. Das Einzige, was sich in diesen elf Jahren wirklich geändert hatte, waren die Umstände, denn Gefallen hatten wir durchaus auch vorher schon aneinander gefunden.

Was ich sehr an ihr schätze, ist, dass sie ein echter Kumpel sein kann. Sie hat viele Eigenschaften, die man auch an einem guten Freund schätzt. So kann man sich im Ernstfall hundertprozentig auf sie verlassen. Wenn sie A sagt, meint sie auch A. Wenn sie sagt, dass sie kommt, kommt sie prompt. Wenn sie sagt, ich bin für dich da, ist sie's auch ohne Wenn und Aber. Und vor allem zickt sie nur äußerst selten. Man kann sich allen möglichen Blödsinn erlauben, ohne Gefahr zu laufen, dass sie deswegen eingeschnappt ist. Wir können auch zusammen sein, wenn mal einer nicht so gut gelaunt ist, was ich ebenso wichtig wie angenehm finde.

In Beziehungen ist es doch häufig so, dass der Mann sich ständig Gedanken über die Befindlichkeiten seiner Holden machen muss, darüber, was man anfängt und ob's ihr auch gefallen wird, allzu oft unter Zurückstellung eigener Bedürfnisse. Das ist bei uns nicht der Fall. Wir haben eine sehr kameradschaftliche Beziehung, weil wir in genügend Bereichen übereinstimmen und hinreichend Freiraum für den Rest bleibt.

Dass Gaby in den Jahren, in denen wir uns aus den Augen verloren hatten, zu einer der erfolgreichsten deutschen Autorinnen geworden war, hatte ich gar nicht gewusst. Sie schreibt nicht in dem Genre, das ich gemeinhin lese, und die einschlägigen Presseorgane liegen bei meinem Friseur in der Herrenabteilung nicht aus. Nicht einmal die zahlreichen Buchverfilmungen hatte ich wahrgenommen. Kurz, ich war einigermaßen überrascht von dem Umstand, dass sie zwischenzeitlich prominent geworden war.

Ein echtes Problem war ihr Erfolg aber weder für mich noch für die Partnerschaft, weder theoretisch noch praktisch. Man braucht, denke ich, auch kein übergroßes Selbstbewusstsein als Partner einer prominenten Frau, ein normales reicht völlig aus. Es ist keineswegs erforderlich für das Zusammensein mit einer erfolgreichen Frau, die eigene Wahnsinnskarriere hingelegt zu haben. Zufriedenheit mit dem, was man selbst im Beruf oder sonst im Leben leistet, genügt, um keine Minderwertigkeitskomplexe zu entwickeln. Sicher schwieriger ist die Konstellation der Erfolgreichen und des »Hausmanns«, dessen Stellung kein eigener sozialer Wert zugebilligt wird. Auch heutzutage ist diese Situation mit umgekehrten Vorzeichen immer noch der Normalfall. Als Anwalt in einer familienrechtlich orientierten Kanzlei sehe ich das täglich. In aller Regel hat der Mann Karriere gemacht, die der Frau ist der Kindererziehung und dem Haushalt zum Opfer gefallen. Die Probleme beginnen spätestens dann, wenn die Frau, dessen überdrüssig, nur das wohlmöglich dominierte Schmuckstück an der Seite ihres Gatten zu sein, sich fragt, was sie eigentlich vom Leben hat.

Jedenfalls ergeben sich Konflikte viel mehr aus der oft subjektiv empfundenen Diskrepanz zwischen der gesellschaftlichen Stellung des Erfolgreichen und des Partners an seiner Seite. Aber siehe oben, Zufriedenheit mit den eigenen Leistungen und Lebensinhalten schützt zuverlässig vor derartigen Problemen. Das Einzige, womit man umgehen können muss, ist die stark unterschiedliche öffentliche Wahrnehmung und das Interesse an der Person des erfolgreichen

Botho von La Chavellerie

Partners, wobei meiner Meinung nach die Ansicht, dies falle Männern schwerer als Frauen, zwar nahe liegend, aber nicht zwingend ist.

Gaby ist eine sehr adrette Person und findet sicherlich schon deshalb einige Beachtung. Auch hierin sehe ich kein Problem. Ich glaube, ich hätte eher eines, wenn es anders wäre. Wenn ich mir vorstelle, mit einer Frau verbandelt zu sein, der keiner nachschaut, weil sie leider von der Natur bezüglich ihrer äußeren Erscheinung nur mit mäßiger Großzügigkeit bedacht wurde, mag mir das den einen oder anderen Anfall von Eifersucht ersparen, aber es wäre trotzdem weniger schön. Schließlich sind die meisten, wie auch ich, nicht ganz frei von ein bisschen Besitzerstolz.

Wir leben in getrennten Häusern und in verschiedenen Städten, etwa 140 Kilometer voneinander entfernt. Da wir beide Freiberufler sind, können wir uns dennoch sehen, wann immer wir das wollen, oder jedenfalls fast immer. Die Entfernung ist nicht so dramatisch. Ich arbeite in Stuttgart und brauche bei dem hier üblichen Verkehr von der Kanzlei zu meiner Wohnung nicht viel weniger Zeit als zu Gaby an den Bodensee.

Tatsächlich kann ich mir, vom Büro kommend, an der Autobahnausfahrt überlegen, fahre ich zu mir oder zu ihr? Die Entfernung ist so gering, dass sie in einer knappen Stunde uberbruckbar ist. Auf der anderen Seite ist sie groß genug, dass wir vieles nicht teilen, was Beziehungen im Allgemeinen eher zermürbt. Die alltäglichen Kleinigkeiten und Ärgernisse, wie die berühmte zerdrückte Zahnpastatube, können sich bei uns nicht belastend auswirken. Die gefährliche Angewohnheit, kleinere Probleme zur Erledigung auf den Partner abzuwälzen, kann sich kaum verwirklichen.

Allerdings ist das getrennte Wohnen nicht Ergebnis unserer eigenen Überlegung und Entscheidung, sondern Diktat der Umstände. Gaby würde den Bodensee nie dauerhaft verlassen wollen, wo sie schon sehr lange lebt und sich zu Hause fühlt. Ich selbst bin auch nicht ohne weiteres in der Lage, mich beruflich nach Konstanz zu verändern. Das würde einen fast völligen Neuanfang bedeuten, was meinem Beharrungsvermögen ebenso zuwiderliefe, wie es praktisch problematisch wäre. Darüber hinaus lebe ich sehr gerne in dem Haus, das seit ein paar Generationen im Besitz meiner Familie ist.

Unterm Strich empfinde ich diese Lösung als durchaus vorteilhaft. Allerdings sind wir auch nicht über längere Zeiträume getrennt. Es gibt natürlich Wochen, in denen viel anfällt und vor allem Gabys und gelegentlich meine Termine sich einfach nicht vernünftig koordinieren lassen, mit der Folge, dass wir uns nicht sehen können. Das ist aber nicht regelmäßig der Fall. Und von Zeit zu Zeit genieße ich es auch, allein zu sein und etwa mit dem Motorrad durch den Schwarzwald zu kurven oder weiß Gott was sonst zu tun.

Gaby führt ein offenes Haus und hat beruflich und privat fast ständig irgendwelche Leute um und bei sich, häufig spontan und mir sogar manchmal lästig, wenn ich mehr auf Zweisamkeit und Ruhe eingestellt gewesen wäre. Da sind wir dann doch unterschiedlich. Gaby ist bedingt durch ihre Arbeit und ihre Wesensart zu quirlig, um Ruhephasen länger genießen zu können.

Ganz klar bin ich auch ein wenig stolz auf sie und jedenfalls sehr gerne mit ihr zusammen, weil wir im Wesentlichen gut harmonieren, nicht zuletzt wegen der jeweiligen Eigenständigkeit.

Vom Elternhaus kenne ich die klassische Aufgabenteilung des verdienenden Vaters und der häuslichen Mutter. Mein Vater ist zweifellos der dominante und bestimmende Teil, sie die Frau an seiner Seite. Dennoch ist die Ehe meiner Eltern, soweit ich das beurteilen kann, ganz in Ordnung und vor allem ist sie von Dauer, was ja immer seltener wird.

Unsere Partnerschaft basiert auf einer vollkommen freiwilligen Basis, da uns keinerlei Sachzwänge zusammenhalten. Wir haben keinen gemeinsamen Haushalt oder Besitz, keine gemeinsamen Kinder oder sonstiges, was ein Problem bei einer Trennung darstellen könnte. Wenn wir keine tragfähige Grundlage mehr sehen würden, wäre eine Trennung ohne weiteres möglich. Uns hält also lediglich die Liebe zusammen. Und das ist doch nun wirklich schön!

»Wenn eine Beziehung auseinander geht, weil die Frau beruflich genauso erfolgreich ist wie ihr Mann, muss ich davon ausgehen, dass da zwei Karrieren geheiratet haben und nicht zwei Menschen«

Olaf Meyer (43), Mann von Singa Meyer-Gätgens (31), Moderatorin beim ›Kinderkanal‹

Eigentlich sind alle drei »prominent«. Zumindest in der kleinen schleswig-holsteinischen Gemeinde Bönningstedt. Dort im Zentrum nämlich führt eine der zwei Schwestern von Singa, Moderatorin beim ›Kinderkanal‹, Sandra, eine Eisdiele. Aber nicht irgendeine. Die Eiskugeln sind besonders dick und lecker, die Sorten wechseln täglich und jeden Tag gibt es außerdem frischen Blechkuchen. Es werden auch ständig neue Variationen von köstlichen Eisbechern kreiert.

Die dritte Schwester, Susan, bedient dort regelmäßig. Die Eisdiele ist Treffpunkt aller Bönningstedter Kinder und ihrer Eltern und ein besonderes Highlight ist es, wenn Singa mit ihrem Dobermann Kira dort ist und einen Cappuccino trinkt. Das spricht sich in der kleinen Gemeinde schnell herum. Singa hat dort schon Becher mit dem Aufdruck ›Kinderkanal‹ spendiert und meine Tochter und ihre Freundinnen bekamen einen zum Geburtstag geschenkt. So ist unsere Bönningstedter Eisdiele mit den drei freundlichen Schwestern so etwas wie eine kleine Attraktion, die vor kurzem bereits ihr zehnjähriges Bestehen feiern konnte. Singas Mann Olaf, auch ein Mann aus »dem Dorf«, erzählt.

Meine Frau kenne ich seit 14 Jahren. Sie hatte sich vor acht Jahren ein Haus gekauft, und im Garten mussten Arbeiten erledigt werden, bei denen ich mit einem Trecker ausgeholfen habe. Vom Sehen war sie mir schon vorher ein Begriff, aber eher flüchtig. Wir wohnten nur drei Straßen auseinander.

Als wir uns näher kennen lernten, war Singa bereits prominent. Sie hat ja früh angefangen. Sie war das, was man einen Kinderstar nennt. Schon als Kind hat sie bei einer Agentur erfolgreich als Kindermodel gearbeitet. Vom Modellstehen ist sie zum Film gekommen und war eine der Darstellerinnen in der Serie »Neues vom Süderhof«. Durch diese Rolle wurde sie natürlich bekannt. Nach dem Ende der Serie kam sie schließlich als Moderatorin zum ›Kinderkanal‹. Dort ist sie seit der ersten Sendung an dabei und moderiert nun schon seit vielen Jahren.

Ich war damals verheiratet und so kam Singa als Frau für mich zunächst nicht in Frage. Offen für eine Beziehung war ich erst, als meine erste Ehe beendet war. Durch unser gleiches Hobby – Motorradfahren – sind wir uns schließlich näher gekommen. In Singas großem Garten stand damals ein Gartenhaus – ein altes Gesindehaus. Dort hatte unser Motorradclub seinen Sitz und so liefen wir uns zwangsläufig immer wieder über den Weg.

Sie war für mich weniger die Moderatorin aus dem Fernsehen. Eher das Mädchen aus dem Dorf, das ich von Kindesbeinen an kannte. Und auch der Kumpel mit dem gleichen Hobby. Singas beruflicher Status war für mich nicht wirklich wichtig. Ich mochte sie in erster Linie als Mensch, sie ist als Person sehr liebenswert. Ich mag es, dass sie keine klassische Frau ist. In der zarten Person steckt auch ein kleiner Kerl. Sie fährt nicht nur wie der Teufel Motorrad. Sie kann richtig zupacken. Bevor sie anfing zu moderieren, wollte sie das Bauunternehmen ihres Vaters übernehmen. Sie kann arbeiten wie eine Trümmerfrau. Wir haben beispielsweise unseren Hof selber gepflastert, da hat sie ordentlich mit angepackt. Das ist ihr Ding.

Singa ist zudem eine absolut ehrliche Haut, völlig geradeheraus. Sie redet nicht drum herum. Sie ist ein freundlicher Mensch. Steckt eher zurück, als dass sie Aggressionen provozieren würde.

Es war natürlich in der ersten Zeit spannend, mit ihr unterwegs zu sein. Sie ist ja vor allem bei Kindern und deren Eltern bekannt. Unsere erste gemeinsame Reise ging nach Mallorca – zusammen mit meinem Sohn aus erster Ehe, mit dem sie sich blendend versteht. Wenn wir dann am Strand lagen, konnte man beobachten, dass sich so langsam eine Kindermeute im Sand zusammenrottete und uns beobachtete. Die Kleinen trauten sich erst nicht, Singa anzusprechen. Schließlich kam doch einer und sagte: »Du bist doch die Singa!« Und dann kamen Scharen von Kindern.

Das erleben wir immer wieder, dass Kindermeuten erst lauern, flüstern und kichern, und dann schließlich ankommen und ein Autogramm haben wollen. Man muss schon schmunzeln, das ist wirklich niedlich. Inzwischen hat das eine gewisse Normalität bekommen, wir haben uns daran gewöhnt. Singa wird auch schon mal beim Einkaufen angesprochen, oder wenn wir unterwegs sind. Die Kinder freuen sich riesig, wenn sie ihr die Hand geben dürfen.

Wir haben beide ein großes Herz für Kinder, und zu Singas Job gehört es einfach dazu, dass Kinder auf sie zukommen. Sie trennt nicht öffentlich und privat, sondern weiß, dass sie auch privat nicht ganz ungestört sein kann. Sie legt ihren Job nicht ab, wenn die Kamera aus ist. Wenn Kinder auf sie zukommen, werden sie herzlich behandelt. Sie ist immer ein bisschen öffentliche Person.

Am Anfang unserer Beziehung bin ich schon mal mit in die Studios gegangen. Mich hat die Technik fasziniert, die ganzen Menschen, die dort arbeiteten. Es ist eine andere Welt. Ich habe dort Menschen kennen gelernt, die sich für unglaublich wichtig und unersetzbar halten, man weiß aber gar nicht, was die den ganzen Tag tun. Und dann gibt es die, die wirklich wichtig sind, der Regisseur, die Moderatoren, die Redakteure, Personen, die eine Leitungsfunktion haben, und die waren häufig nett, normal und freundlich.

Ich habe durch Singa natürlich einige Prominente kennen gelernt und finde es bis heute interessant, wenn solche Leute aus ihrem meist recht abwechslungs- und ereignisreichen Leben erzählen. Und manche lernt man völlig anders kennen, als sie im Fernsehen rüberkommen. Ich war beispielsweise sehr erstaunt, was für ein hochintelligenter netter Mann der Ilja Richter ist, der ja in seiner Diskosendung etwas schräg rüberkam.

Mir gefällt das Leben mit einer eigenständigen beruflich erfolgreichen Frau, die auf eigenen Füßen steht, sehr viel besser als mit einer Frau, die abends wartet, dass ich endlich nach Hause komme. Ich bin selbständig, ausgebildeter Maschinenbaumeister und habe ein Unternehmen mit zehn Angestellten. Meine Tage sind oft sehr lang. Und so sind wir beide sehr beschäftigt. Wenn Singa übers Wochenende weg ist, fliege ich hinterher, damit wir wenigstens diese Tage für uns haben.

Meine erste Frau wurde Hausfrau, als unser Sohn kam. Das fand ich schwieriger. Singa kenne ich nur als engagierte, berufstätige und auch erfolgreiche Frau. Sie ist sehr viel unterwegs. Die ›Kinderkanal‹-Staffeln werden in Erfurt und München gedreht. Wir haben daher wenig Zeit füreinander. Und wenn beide sehr beschäftigt sind, ist einfach das Verständnis für den Mangel an Zeit größer.

Am Wochenende ist sie zudem oft auf Tour für die BZGA, die Bundeszentrale für gesundheitliche Aufklärung, für die Singa regelmäßig auf der Bühne steht und moderiert. Da geht es darum, über Kinderfeste mit der Botschaft »Kinder stark machen« Eltern zu vermitteln, dass sie ihre Kinder zu Selbstbewusstsein und einer starken Persönlichkeit erziehen, die nein sagen kann zu Drogen wie Alkohol und Nikotin. Eine gute Sache und Singa ist da sehr engagiert.

Ich finde es wunderbar, dass Singa das Gegenteil von einem Heimchen am Herd ist. Wir profitieren dadurch voneinander. Weil Singa selbständig und selbstbewusst ist, denkt sie auch auf meiner beruflichen Schiene mit. Sie hat ein gutes Gefühl für Menschenführung. In meiner Firma gibt es natürlich Auseinandersetzungen und manchmal auch richtig Krach. Normal für eine Firma, wo es aufgrund der Anzahl der Mitarbeiter doch recht familiär zugeht. Einer kennt den anderen bis ins Privatleben hinein. Mein Betrieb ist wie eine große Familie und da gibt es eben auch mal Differenzen.

Singa hat oft ein großes Feingefühl, wie man das wieder entwirren kann. Da steht sie mir klug beratend zur Seite und ich wundere mich, was für Ideen sie einbringt und dass die tatsächlich funktionieren. Sie schafft es, zwei Streithähne so auseinander zu bringen, dass es kein Nachspiel gibt und keiner mehr sauer auf den anderen ist.

Was ich mir gar nicht vorstellen könnte, wäre ein Rollentausch. Ich habe meine Firma vor 13 Jahren gegründet, habe Energie, Kraft und Zeit investiert und sie läuft gut. Ich könnte mir nicht vorstellen, das aufzugeben, um zu Hause zu bleiben, wenn wir beispielsweise ein Kind bekämen.

Ein besonderes Selbstbewusstsein für die Karriere Singas brauche ich nicht. Für die Persönlichkeit Singa schon. Sie ist zweifelsohne eine starke Frau, die genau weiß, was sie will, und damit muss ein Mann klar kommen. Ich bin stolz auf meine Frau und zwar auf ihre menschlichen Eigenschaften, nicht auf ihre Prominenz oder ihren Beruf.

Im Beruf ist Singa sehr professionell, sie bereitet sich immer gut vor, ist absolut zuverlässig, auf sie wird man nie warten müssen. Sie ist so pflichtbewusst, dass sie vor der Kamera auch funktioniert, wenn sie krank ist. Als wir aus Ägypten kamen, hatte sie sich eine Magen-Darm-Grippe zugezogen bis hin zur Nesselsucht und es ging ihr sehr schlecht. Aber ihre Pflicht vor der Kamera hat sie erfüllt, hat den Dreh durchgehalten und in dem Moment, wo die Kamera ausging, fiel sie dann völlig entkräftet in sich zusammen.

Sie hat den Ehrgeiz, ihre Sache immer gut zu machen. Und sie identifiziert sich mit ihrer Kindersendung. Sie wird ja öfter gefragt, wann willst du denn etwas anderes als Kindersendungen machen? Dann ist sie immer völlig irritiert und sagt: Wieso? Ich mache gern Kinderfernsehen. Sie identifiziert sich damit. Sie nimmt ihre Arbeit dort sehr ernst.

Unsere Urlaubsplanung ist, weil wir beide beruflich sehr eingespannt sind, relativ schwierig. Es kommt meist nur der Winter in Frage. Im Urlaub suchen wir völlige Abgeschiedenheit und Ruhe. Meist fliegen wir weit weg, auf die Malediven oder zuletzt waren wir auf Kuba. Dort kennt uns keiner und wir sind ganz für uns. Wir suchen die absolute Stille, wollen kein Remmidemmi. Es reicht, wenn Meer und Palmen rauschen. Andere Geräusche brauchen wir nicht. Und dann wollen wir einfach nichts tun, nur den Tag genießen.

Zu unserem Hobby, dem Motorradfahren, kommen wir nur noch selten. Wir fahren auch nicht mehr auf der Straße. Das ist zu gefährlich geworden. Wenn uns die Lust packt, verladen wir unsere Ma-

Olaf Meyer

schinen und fahren zu Rennstrecken. Wir haben eine 600er Kawasaki, die für die Rennstrecke umgebaut ist. Singa besitzt eine Ducati.

Unser zweites Hobby ist unser Dobermann. Den lieben wir heiß und innig und mit dem muss man natürlich auch jede Menge machen. Singa joggt, wenn sie zu Hause ist, jeden Tag sechs Kilometer mit dem Hund, wir machen lange Spaziergänge mit ihm, und wenn ich die sechs Kilometer mit dem Fahrrad zur Firma fahre, läuft er auch mit.

Unser Dobermann ist isabellfarben. Sehr schick, aber selten zu bekommen, weil diese Tiere als Fehlfarbe gelten und häufig schon als Welpen von den Züchtern »entsorgt« werden. Diese Farbe passt nicht in den Rassestandard. Es handelt sich dabei um einen Gendefekt, mit dem die Hunde zwar leben können. Aber ihr Haar ist sehr dünn, sie leiden unter Haarausfall, sind milbenanfällig und deshalb nicht zur Zucht zugelassen. Und genau so ein Hundebaby haben wir gesucht und schließlich einen Wurf gefunden, wo ein isabellfarbener Welpe dabei war.

Wenn eine Beziehung deshalb auseinander geht, weil die Frau beruflich genauso erfolgreich ist wie ihr Mann, muss ich davon ausgehen, dass da zwei Karrieren geheiratet haben und nicht zwei Menschen. Wenn meine Frau die Ziele, die sie sich gesteckt hat, erreicht, kann ich mich doch nur freuen. Dann geht es dem Menschen gut. Ich bin nicht futterneidisch, wenn mein Partner mehr Erfolg hat als ich. Ich freue mich für Singa.

»Ich liebe Zicken!«

Foto: © WDR/Melanie Grande »Kölner Treff«

Markus Lanz (35), Ehemann der Moderatorin Birgit Schrowange

Markus Lanz (35), Redaktionsleiter und Moderator der RTL-Sendung »Explosiv« und Ehemann der RTL-Fernsehmoderatorin Birgit Schrowange (45), die seit zehn Jahren durch das Reportagemagazin »Extra« führt, hält mir bei unserem ersten Telefongespräch einen engagierten Vortrag darüber, wie blödsinnig er diese Fragestellung findet. Es sei in seiner Generation kein Thema, wenn die Frau beruflich auf Augenhöhe des Mannes sei, und für ihn persönlich sei es auch überhaupt kein Problem, dass seine Frau erfolgreich und prominent sei. Er habe dazu nichts zu sagen. Als ich einwende, dass seine Einstellung nicht der Regelfall sei, dass er sich in seiner Position schließlich auch ein Heimchen am Herd hätte suchen können, lenkt er ein.

Bei unserem Treffen in seinem Wohnviertel in Köln begegnet mir ein sympathischer, überhaupt nicht oberflächlicher und kluger Mann, der sich viele Gedanken über das Leben macht und so gar nicht der Klischeevorstellung entspricht, die man von einem Fernsehmoderator haben könnte.

Nachdem er einige Nachbarn freundlich auf der Straße begrüßt hat, entwickelt sich bei Milchkaffee und Mineralwasser ein reges Gespräch zwischen uns. Schnell ist klar, dass dieses Paar sicher kein glamouröses Lifestyle-Traumpaar ist, wie eine Luxusillustrierte schrieb, sondern sehr geerdet und bodenständig. Beide lieben das ruhige Leben in den eigenen vier Wänden. Einer ihrer Erfolge sei, so der Moderator, dass sie es geschafft haben, in der Glitzerwelt nicht abzuheben. Markus Lanz erzählt:

Es geht in einer Partnerschaft wie unserer letztlich schon um die Frage, wie gehen Männer mit erfolgreichen Frauen um? Kann man das als Mann grundsätzlich aushalten, wenn eine Frau Erfolg hat? Ich glaube zum einen, dass das eine Generationsfrage ist. Zum anderen findet das nicht im luftleeren Raum statt, sondern berührt stark die Frage nach der Sozialisierung.

Ich kenne das gar nicht anders. Meine Mutter war diejenige, die bei uns alles zusammengehalten hat. Mein Vater ist sehr früh gestorben – ich war gerade 14 Jahre alt – und ich habe als Junge erlebt, dass eine zierliche, aber ungeheuer energische Person die Familie gemanagt hat wie ein Vorstandsvorsitzender. Das war ein richtiges Matriarchat, wie man es aus dem Süden Italiens kennt. Wir waren drei Kinder und lebten in einem kleinen Dorf in den Südtiroler Bergen, oben auf 1100 Metern, und meine Mutter war im Grunde unsere Überlebensgarantie.

Nach dem Tod meines Vaters standen wir plötzlich da mit einem Haufen Schulden und einem nicht ansatzweise abbezahlten Haus, und sie hat alles in die Hand genommen.

Das hat mich geprägt. Durch diese Erfahrung bin ich es auch gewohnt, von weiblicher Seite Widerspruch zu bekommen. Ich habe mich mit meiner Mutter gefetzt bis zum Gehtnichtmehr. Sie ist jetzt 72, und sie liest mir bis heute die Leviten. Wenn ich es beispielsweise wage, Südtirol in einer dieser Löcher-Jeans zu betreten, dann besteht sie darauf, dass ich eine ordentliche Hose anziehe. Für mich ist der Brenner immer noch die Grenze – die Lochjeansgrenze! Mir macht das mittlerweile großen Spaß, morgens mit Absicht in einer dieser Loch-Hosen zum Frühstück zu erscheinen. Dann flippt sie richtig aus, und ich amüsiere mich herrlich darüber, dass sich eine Dame ihres Alters immer noch so echauffieren kann. Ich sage ihr dann: »Mama, ich bin über 18, ich darf das. Aber dir zu Liebe ziehe ich mich um.«

Vielleicht ist das einer der Gründe, warum mich bei Frauen immer interessante und starke Persönlichkeiten angezogen haben. Schon während meiner Gymnasialzeit haben wir Rotzlöffel hochtrabende soziologische und philosophische Diskussionen darüber angestellt, wer einmal welche Frau haben würde. Ich erinnere mich, dass ich damals vehement die Meinung vertreten habe, dass es mir lieber sei, eine berufstätige Frau zu haben, denn die seien ja wohl eindeutig zufriedener. Meine Mutter hatte aus unserem Haus nämlich mittlerweile eine gut gehende Gästepension gemacht. Ich hielt mich mit meiner These damals in den Südtiroler Bergen für revolutionär. Heute weiß ich, dass die Wahrheit irgendwo in der Mitte liegt: Einerseits stimmt es nicht, dass Frauen, die traditionell als Hausfrauen und Mütter leben, total frustriert sind. Andererseits haben Frauen schon lange mehr zu verlieren als nur ihren Staubsauger.

Ich kenne viele Männer, die das ähnlich sehen. Und richtig spannend wird es, wenn sich Karrierefrauen zu ihrem Frausein bekennen. Klug, erfolgreich und gut aussehend – das ist eine fast unwiderstehliche Mischung! Vielleicht haben sie sich das von den Italienerinnen abgeguckt. Die hatten eine der stärksten Frauenbewegungen in ganz Europa – und trotzdem denkt eine echte Italienerin nicht im Traum daran, flache Schuhe anzuziehen. Wer hat denn was von bequem gesagt?

Und wozu muss man in Schuhen auch laufen können? Zuallererst sind sie Frau. Zickige Frau. Jede Frau, die weiß, was sie will, hat diese Portion Zickigkeit. Mir gefällt das, wenn Widerspruch kommt, und ich würde für mich sogar sagen: »Ich liebe Zicken!«

Natürlich hat das auch Schattenseiten. Es ist schon komisch, wenn sich Fotografen auf dem roten Teppich ausschließlich auf die Frau an deiner Seite stürzen. Andererseits muss man sich die Situation vor Augen halten, in der die Kollegen sind. Ich habe das Glück, dass ich aufgrund meiner Arbeit hinter den Kulissen auch die andere Seite kenne. Wenn wir zu irgendeiner Gala gehen, dann beobachte ich meist aus den Augenwinkeln den Reporter, den ich für meine Sendung dorthin geschickt habe und von dem ich weiß, an welcher Geschichte er gerade arbeitet. Und natürlich würde ich ihm am Montagmorgen eine Gardinenpredigt halten, sollte er schlechte Arbeit geleistet haben. Da gibt es sehr viel Druck und natürlich kann es passieren, dass einer in der Hitze des Gefechts die guten Manieren vergisst. Da stehst du als Reporter und Fotograf in diesem ganzen Wahnsinn und plötzlich kommt die Kanzlerin, dann Guido

Westerwelle und dann kommt auch noch Jenny Elvers. Und die braucht man alle gleichzeitig. Blöde Situation. Dann geht das Rubbel-die-Katz' und drunter und drüber!

Im Grunde genommen ist es bei uns ganz einfach so: Den Glamour hat sie, schon allein deshalb, weil sie Frau ist. Das muss man sich klar machen, dann kann man auch damit leben. Das ist bei Joachim Sauer, dem Gatten der Kanzlerin, nicht anders.

Wenn Birgit wollte, könnte sie noch viel präsenter sein. Aber sie nimmt sich da bewusst raus. Das finde ich sehr souverän. Wenn man in einer bestimmten Phase seines Lebens entscheidet, ab sofort ist etwas anderes wichtiger als Karriere – in diesem Fall unser Sohn –, dann gehört dazu auch eine Menge Selbstbewusstsein. Ich muss ehrlich sagen, ich hätte mir nicht so ohne weiteres vorstellen können, ein paar Jahre den Hausmann zu geben. Vielleicht für ein paar Monate. Aber das reicht ja nicht. Vielleicht sagt Birgit deshalb immer, ich sei ein schlimmer Macho. Wenngleich ich glaube, dass ich ein Macho mit Familiensinn bin. Ich würde mich schon als emanzipierten Mann bezeichnen. Ich stehe beispielsweise nachts für unseren Sohn genauso auf wie meine Frau. Ich habe das auch gemacht, als er noch ein Baby war, und ich finde, es adelt einen Mann, seinen Sohn aus einer stinkenden Windel zu befreien. Für Supermachos aus der Ära Udo Jürgens war das noch ein Riesenproblem. Ich weiß das aus Gesprächen mit John Jürgens, der ein 100-%-Papa ist und seinem Vater Udo diesbezüglich immer richtig Kontra gibt.

Man muss ehrlich mit sich selbst sein: Wenn Männer prominenter Frauen sagen, mir ist es wichtig, eine eigene Karriere zu machen, dann steht dahinter möglicherweise die Angst, sonst neben der Frau unterzugehen. Ich habe diese Karriere gemacht, vor allem hinter den Kulissen, in der Hierarchie. Und darauf bin ich auch stolz. Deshalb gehe ich damit mittlerweile sehr viel gelassener um. Ich könnte mir schon vorstellen, einfach mal eine Auszeit zu nehmen und meinem Sohn die Welt zu zeigen, während meine Frau möglicherweise ihrem Beruf nachgeht. Ich würde auch in Kauf nehmen, dass ich nicht an der Stelle wieder einsteigen könnte, an der ich aufgehört habe. Ich bin ein sehr kreativer Mensch. Und ich glaube, für Menschen, die Ideen haben, gibt es immer etwas zu tun.

Ich nehme mir Auszeiten schon jetzt manchmal und fahre mit meinem Sohn ein paar Wochen in die Berge nach Südtirol oder nach Lappland in eine Blockhütte, wir machen Feuer im Kamin, beobachten das Polarlicht und freuen uns an der Natur.

Ich glaube ja, dass jetzt eine Emanzipationsbewegung von Männerseite ansteht. Die muss dringend kommen. Und ich glaube auch, dass die Qualität der Beziehung entscheidend davon abhängt, wie glücklich beide sind – Mann und Frau. Das ist im Grunde die Pawlow'sche Bedürfnispyramide. Ganz oben steht Selbstverwirklichung. Das ist das, worum es geht. Für Mann wie Frau. Menschen haben Ziele, Träume, Visionen, und man ist gut beraten – als Partner, aber auch als Papa, Mama oder Chef – ihnen zu helfen, diese Träume zu verwirklichen.

Vielleicht glaube ich deshalb, dass eine Frau als Heimchen am Herd auf Dauer nicht glücklich sein kann. Diese dauernde Abwesenheit von echten Erfolgserlebnissen, wie man sie im Berufsleben oder während des Studiums hat, kann nicht glücklich machen.

Ich bin bekennender Spießer. Für mich ist Spießigkeit nicht zwangsläufig unlässig. Ich bin spießig groß geworden. Ich musste am Sonntag in die Kirche. Ich habe das volle Heile-Welt-Programm durchlaufen. Und als mein Vater starb, habe ich dann erlebt, wie diese Idylle zusammenbrach. Trotzdem denke ich, dass es wichtig ist, spießig zu sein in einem wertkonservativen Sinn. Konservativ sein, das riecht ja immer noch ein bisschen nach dem Mief der 50er Jahre. Aber für mich ist es das, was es im ursprünglichen Sinne bedeutet, conservare = bewahren. Es geht um Orientierung. Ich sage meinem Sohn, es ist wichtig, dass du bitte und danke sagst, zur Schule gehst, dich anständig benimmst. Diese Haltung teile ich mit meiner Frau. Wir sind beide spießig. Sie kommt aus dem Sauerland, und Birgit sagt immer, unser Sohn ist eine Mischung aus Schützenkönig und Skilehrer. Das trifft es ganz gut. Ein Doppelspießer. Das klingt furchtbar, kann aber auch Halt geben.

Im Moment erleben wir, wie sich alles auflöst. Die kuschelige Bundesrepublik der 80er Jahre gibt es nicht mehr. Und wir sind unzufrieden, weil wir glauben, dass es woanders besser ist. Wir suchen nach dem perfekten Leben und verlieren uns in einem Labyrinth aus Möglichkeiten. Da ist es wichtig, dass zumindest die kleinste soziale Einheit, die Familie, noch einigermaßen funktioniert. Woran sollen sich unsere Kinder sonst festhalten? Ich kann doch nicht ernsthaft meinem Kind sagen, dein Vorbild ist ein Kanzler, der sich hinstellt und sagt: »Ich habe die Wahl verloren, aber ich bleibe trotzdem Kanzler, weil ich ein Mann bin und überhaupt.« Das ist absurd.

Birgit verdanke ich für meinen beruflichen Werdegang viel. Als wir uns kennen lernten, war ich schon auf dem Weg. Aber mit ihrer Hilfe konnte ich bestimmte Dinge besser aushalten, Anfeindungen ertragen und in einer hysterischen Umgebung eine Gelassenheit entwickeln, die mir heute hilft. Unsere Branche ist ein Haifischbecken, da muss man jemanden haben, der einen immer wieder erdet. Das ist eine stillschweigende Übereinkunft. Ich könnte nicht mit jemandem leben, der Kreditkarten zum Glühen bringt, von einer Cocktailparty zur nächsten eilt und Wert drauf legt, in jeder Society-Spalte aufzutauchen. Dann hätten wir ein Problem. Wir sind uns gegenseitig ein Korrektiv. Dabei fing das alles gar nicht sehr vielversprechend an: Als ich sie das erste Mal sah, hat es mich umgehauen. Wir saßen zufällig nebeneinander in der Maske. Ich habe die ganze Zeit versucht, mit ihr ins Gespräch zu kommen, aber sie war unglaublich schlecht gelaunt und hat mich mit meinen platten Sprüchen einfach auflaufen lassen. Wenn man sich verliebt, ist man ja zunächst ein reines Testosteronopfer. Irgendwann ist man dann wieder zurechnungsfähig und fragt sich, wie ist das jetzt hier eigentlich? Dann zeigt sich die wahre Qualität einer Beziehung, und sie wird dann auf eine wirklich harte Probe gestellt, wenn man plötzlich Eltern wird.

Wenn man einen Teil seines Lebens – nämlich den beruflichen – öffentlich lebt, dann muss man sehr auf der Hut sein, dass der Rest nicht unter die Räder kommt. Man darf nicht sein Innerstes nach außen kehren, man darf dem Affen nicht immer neuen Zucker geben. Und ich bin manchmal peinlich berührt von dem, was da so gefragt wird. Beispielsweise: »Haben Sie noch Sex?« Für mich ist jeder Tag, an dem ich nicht in der Zeitung stehe, ein guter Tag.

Es gibt ein Kartell der Meinungsmacher. Es gibt einen unausgesprochenen Konsens darüber, wen man im Moment gerade funky zu finden hat und wen man links liegen lässt. Das tut man dann auch mit aller Vehemenz und Leidenschaft. Und wenn man in solch einer Schublade erst einmal drinsteckt, dann kommt man da nie wieder heraus. Bei Licht betrachtet sind das ganz arme Menschen, und man ist gut beraten, sich defensiv zu verhalten und zurückzunehmen. Vielleicht geht es auch nur darum, sich selbst nicht so furchtbar wichtig zu nehmen.

Das Interview wurde Anfang 2006 geführt. Ende Juni, kurz vor Drucklegung dieses Buches, gab das Paar seine Trennung bekannt.

»Seit 20 Jahren gibt es mehr Abiturientinnen als Abiturienten, es studieren mehr Frauen als Männer und Frauen sind in Topjobs vertreten. Männer, die halbwegs bei Verstand sind, merken natürlich, dass das auch gut für sie ist«

Foto: © privat

Wilhelm Johnen (58) ist der Ehemann der Bestsellerautorin Ute Ehrhardt

Ich lernte Ute und Wilhelm vor 14 Jahren bei der Frauenzeitschrift »Brigitte« kennen, wo ich damals Redakteurin war und die beiden in Seminaren Frauen, die nach der Babypause zurück in den Beruf wollten, berieten. Von Anfang an hatten wir ein sehr nettes Verhältnis zueinander, das sich bis ins Privatleben hineinzog. Ich weiß noch, die beiden schenkten meiner damals dreijährigen Tochter ihren ersten Kinderwerkzeugkasten. Wir hörten das Kind im Kinderzimmer eifrig hämmern und später stellte ich entsetzt fest, dass sie mit Hammer und Nagel nicht etwa die dafür vorgesehenen Holzplättchen bearbeitete, sondern einen wertvollen antiken und mit Intarsien verzierten Schrank. Noch heute müssen wir lachen, wenn wir die vielen kleinen Löcher sehen.

In der Zeit, als Ute ihren Superseller »Gute Mädchen kommen in den Himmel, böse überall hin« veröffentlicht hatte, wurde der Kontakt zwangsläufig weniger, dennoch bekam ich immer mal eine nette Nachricht – später sogar aus Sidney. Es war eine große Freude, den beiden nach langer Zeit in Konstanz wieder zu begegnen. Sie sind immer noch das »Dreamteam«, das sie schon früher waren.

Nach öffentlichen Auftritten habe ich selbst keine Sehnsucht. Mein Gefühl damals, als das Buch »Gute Mädchen kommen in den Himmel, böse überall hin« ein Renner wurde und so lange auf der Spiegelbestsellerliste stand, war eher, dass ich Mitleid hatte mit der armen Ute. Was wirklich positiv daran war, war die materielle Unabhängigkeit, die wir dadurch gewannen. Aber was lief, als das Buch so wahnsinnig boomte, war in erster Linie großer Stress. Ute hat so unzählig viele Lesungen gehalten, dass sie fast ihre Stimme verlor.

Ich habe Ute zu jeder Lesung begleitet – es waren Hunderte –, habe den ganzen Stress hautnah mitgemacht. Wir haben irgendwann beschlossen, dass wir auf keinen Fall eine Fortsetzung des Buches machen, sondern uns eine Auszeit nehmen und für ein Jahr nach Australien gehen.

Wilhelm Johnen

Ruhm an sich finde ich nicht bemerkenswert. Konkret haben wir den Ruhm wahrgenommen, als wir uns nach Australien hier am Bodensee niederließen und glaubten, uns kennt kein Mensch mehr. Irgendwann klingelte es und eine Frau mit einem Blumenstrauß in der Hand stand an der Haustür. Die erste Reaktion war »Stalker«? Aber die Frau war einfach nur nett, der Strauß war eine aufmerksame Anerkennung für das Buch.

Wir haben dann beschlossen, rund um Konstanz, wo wir leben, keine Lesungen zu halten, einfach, weil wir nicht wollten, dass Utes Gesicht noch bekannter wird und wir unsere Privatsphäre verlieren. Wir haben unseren Lebensraum als Resonanzboden ausgelassen. Damit wir uns hier unbehelligt bewegen können.

Mit Talkshows sind wir sehr vorsichtig umgegangen. Die privaten Sender brauchten wir nicht. Ich war ja am Marketing maßgeblich beteiligt und habe diese Talkshows als wenig erfolgversprechend eingestuft.

Wir sind beide Psychologen und haben in gewisser Hinsicht schon immer viel zusammen gearbeitet. Wenn es um Seminare ging, die wir geleitet haben, dann haben wir Struktur und Aufbau gemeinsam erarbeitet. Die Arbeit vor jedem Seminar haben wir hauptsächlich zusammen geleistet.

Die Seminare selbst hat jeder allein abgehalten. Auch die Bücher, die jeder von uns geschrieben hat, haben wir in diesen Prozess integriert. Gemeinsam haben wir die Konzepte überlegt. Ute hatte ja zuerst »Frauen steigen wieder ein« verfasst und ich »Die Angst des Mannes vor der starken Frau«. Da haben wir natürlich die Thesen diskutiert, uns gefragt, kann man das so oder so machen?

Dass wir mit den »guten Mädchen« etwas losgetreten hatten, merkten wir, als wir vom Verlag einen Anruf bekamen, dass bereits aufgrund des Vorwortes eine Neuauflage nötig war. Da habe ich angefangen, Prognosen zu machen, und habe im Herbst 1995 gesagt, dieses Buch hat die Potenz, eine Millionenauflage zu erreichen. Bei 700 000 habe ich gedacht, ja, das wird es sicher schaffen.

Ich habe mich mit der Käuferschicht beschäftigt. Es war eine Riesenzielgruppe und die Titelbotschaft dieses Buches war einfach super. Man weiß ja, dass der Titel der Türöffner ist. Wir haben auch lange und sorgfältig nach dem Titel gesucht und abgewogen, was wohl gut ankommen mag.

Ich habe bei der ganzen Entwicklung nie das Gefühl gehabt, ich stehe im Schatten oder bin das fünfte Rad am Wagen. Im Verlag war immer die Rede vom »Dreamteam«. Das war einerseits leicht ironisch gemeint, beinhaltete aber auch eine gewisse Achtung vor meiner Marketingfähigkeit.

Zunächst haben wir diesen Riesenerfolg als positive Katastrophe begriffen, wie Ute immer sagte. Aber dann ging eben der zwei Jahre währende Stress los, der auf Dauer nicht auszuhalten war. Der Preis, das länger mitzumachen, wäre einfach zu hoch gewesen.

Ich bekam den Eindruck, dass Ute ein Problem hatte, eine Lesung abzusagen. Wenn Anfragen kamen: »Könntest du nicht noch eine Veranstaltung einschieben?«, hat Ute das irgendwie möglich gemacht. Und wenn es die sechste oder siebte Lesung in der Woche war. Ich habe dann irgendwann die Notbremse gezogen und gesagt, es ist unmöglich. So geht das nicht weiter. Ute war nur noch ein Schatten ihrer selbst.

Andererseits ist Ute eine Frau, die Stolz auf Erfolg nicht auslebt. Sie genießt das zwar, aber sie würde für Ruhm keine Sekunde Lebensqualität opfern. Ute ist sehr gelassen mit dem Erfolg und dem daraus resultierenden Rummel umgegangen. Wir haben es »positive Katastrophe« genannt, weil zum einen die alte Welt zusammenbrach und eine neue mit viel mehr Stress, Zeitaufwand und überhaupt Aufwand entstand. Wir brauchten plötzlich, um das alles bewältigen zu können, eine Haushaltshilfe und eine Sekretärin.

Was ich schön fand: Ute hat ihre Idee und ihren Titel auch als Person verkörpert. Ihr frecher Haarschnitt auf dem Foto und der kecke Blick passten genau. Von daher hat alles gestimmt.

Wir haben gemeinsam ein Lesekonzept erarbeitet, wir haben die Lesungen als Seminare gestaltet. Und die waren unglaublich gut besucht. Da kamen Hunderte von Frauen. Das ist bei Autoren, die vorher keinen Namen hatten, selten.

Der Slogan von den »guten Mädchen« ging um die Welt. Wir waren in Montreal, in Kanada und haben ein T-Shirt fotografiert: »Good girls go to heaven, bad girls to Montreal«. Dieser Spruch hatte eine magische Wirkung.

Ich glaube, ich käme mit einer Frau, die weniger selbstbewusst und selbständig ist als Ute, nicht zurecht. Wir streiten uns gelegentlich erheblich, und wenn man das genauer betrachtet, muss ich sagen, ich könnte es nicht aushalten, eine weniger starke Frau an meiner Seite zu haben. Dieses Bild von Rücken freihalten, wie es umgekehrt die Frauen von Karrieremännern häufig tun, klingt für mich so nach Sekretärin. Das ist nicht mein Ding.

Unsere Tochter Jana und den Beruf haben wir immer gut gemeinsam unter einen Hut bekommen. Ute war im sechsten Semester schwanger, zur Zwischenprüfung wurde Jana geboren, weshalb die Prüfung verschoben werden musste. Ute hat dann zu Ende studiert. Sie hat das Kind manchmal mit in ihre Lerngruppen genommen, manchmal ist es bei mir geblieben.

Seitdem Jana auf der Welt ist, haben wir praktisch immer abwechselnd gearbeitet. Das hatte die Auswirkung, dass Jana sich natürlich prima aufgehoben und unterhalten gefühlt hat. Wir waren ihre besten Entertainer. Sie war dadurch der Meinung, Kindergarten ist was für Kinder, wo die Eltern abwesend sind. Sie schlief lieber ein bisschen länger, spielte auf der Straße, bis ihre Freundin um 12 Uhr aus dem Kindergarten kam, und dann haben die Mädchen zusammen etwas unternommen. Wir waren nie so richtig konventionell, sondern haben stets gegen den Strom gelebt, was uns aber nicht so bewusst war.

Wir haben wohl eine andere Beziehungsorganisation gehabt als üblich. Obwohl wir auch in dieser Weiße-Kragen-Gesellschaft unterwegs gewesen sind und selbst seriös gekleidet aufgetreten sind. Unsere Hauptarbeit war zu der Zeit, als das Buch herauskam, Seminare für Wirtschaftsleute und Manager zu geben.

Das Bekanntsein erleben wir eigentlich erst jetzt, wo der Trubel vorbei ist, hier in der kleinen Stadt am Bodensee. Wir werden schneller eingeladen, schneller in Freundeskreise integriert, schneller akzeptiert mit dem, was wir sagen. Das ist aber weniger ein Promistatus, sondern mehr eine nette freundliche Aufmerksamkeit. Gerade so, dass du nicht das Gefühl hast, du bist uninteressant für die Leute. In Australien waren wir völlig anonym und das tat damals nach dem Rummel richtig gut.

Ich bin total stolz auf Ute. Wie sie damit umgegangen ist und das alles abgewickelt hat, das war schon gut. Beim Schreiben ist Ute die Genauere, die sagt, das muss mehr recherchiert sein, das muss nachgefragt werden. Wir waren wie ein Pendel. Wenn der eine etwas schleifen lassen wollte, wollte der andere es genauer wissen. Dadurch bekommt unsere gemeinsame Arbeit etwas Ausgewogenes. Wir sind immer ein gutes Team gewesen.

Wir meinen beide, jeder sollte von sich wissen, dass er manchmal übers Ziel hinausschießen kann. Dass er etwas falsch interpretieren kann, sich verrennen kann. Da ist es gut, wenn man im anderen ein Korrektiv hat. Wir sehen unterschiedliche Meinungen nicht als Kontrast, sondern als gute Ergänzung.

Ute ist in jedem Fall die Kreativere. Nicht nur beim Schreiben. Auch wenn es nur darum geht, einen Geburtstag zu organisieren. Oder einen Konflikt zu entwirren. Das ist etwas, was ich an Ute extrem schätze.

In einem ganz frühen Buch gab es das Kapitel »Die Angst des Mannes vor der starken Frau«, in dem es darum ging, warum Männer sich möglicherweise als Hemmer oder Blockierer erweisen. Später habe ich ein ganzes Buch zu diesem Thema geschrieben. Heute sehe ich meine Thesen von damals anders. Auch die Männer haben sich entwickelt.

Diese ganze weibliche Rollenzuordnung hat sich in den letzten Jahren massiv verändert, zweifellos. Die Nachkriegszeit, die Trümmerfrauensituation, hat viel weibliches Selbstbewusstsein hervorgebracht. Und es entstand eine größere Offenheit für neue Rollenbilder. Das war sicherlich auch die Wegbereiterzeit für die Frauenbewegung, die so viel ausgelöst hat.

Dazu gehört auch, dass wir viel weniger Kinder haben. In Familien mit zwei Kindern gibt es vielleicht einen Sohn. Oder man hat nur einen Sohn oder ein Mädchen. Diese veränderte Konstellation hat dazu geführt, dass das Mädchen als Kind genauso wichtig genommen wird wie der Junge.

Die Frauenbewegung hat sicher erst einmal das Feindbild Mann erzeugt, das Bild des Schweigers, der keine Gefühle zeigt, das Heimchen am Herd bevorzugt, die starke Frau scheut. Das ist natürlich ein komplexes Thema.

Damals herrschte eine leicht homoerotische Orientiertheit. Das hat sicherlich mindestens 30 Prozent der gesamten Energie aufgefressen. Danach ist eine Frauengeneration gekommen, die das überhaupt nicht mehr interessiert hat. Die fragten sich: Mit wem soll ich teilen? Auf was soll ich Rücksicht nehmen? Meine Eltern geben mir, was ich brauche. Das hat die Plattform dafür erzeugt, dass Frauen und Männer gleich sind.

Seit 20 Jahren gibt es mehr Abiturientinnen als Abiturienten, Frauen machen gleich gute oder bessere Schulabschlüsse, es studieren mehr Frauen als Männer. Frauen haben eine höhere Lernbereitschaft, bessere soziale Fähigkeiten, bessere Möglichkeiten sich zu integrieren. Zweifellos weibliche Eigenschaften.

Männer, die halbwegs bei Verstand sind, merken natürlich, das ist auch für sie gut. Diese polarisierende Frau/Mann-Situation gibt es eigentlich kaum noch. Frauen sitzen erfolgreich in Führungspositionen, leiten Firmen, machen Spitzenjobs ebenso gut wie Männer. Die Männer, die nicht offen für diese Konstellationen sind, sind heute schon wieder in einer seltsamen Situation. Es ist eine zwangsläufige gesellschaftliche Entwicklung, dass der Mann nicht mehr die Autorität ist, sondern Paare sagen, wir wollen eine demokratische Beziehung auf Augenhöhe. Wir wollen die Rechte und die Pflichten gleich verteilen.

Das Buch »Die Angst des Mannes vor der starken Frau« stimmt heute so nicht mehr. Das habe ich vor 15 Jahren geschrieben. Damals hatte ich noch den Eindruck, für den Mann bedeutet es einen Imageverlust, mit der Frau auf einer Stufe zu stehen. Der Mann sträubte sich dagegen, wenn von der Frau gleiche Rechte eingefordert wurden.

Heute ist das eine Selbstverständlichkeit. Die Gruppe der Männer in einer äquivalenten Partnerschaft ist sicher von 10 auf 40 Prozent gestiegen. Dadurch ist diese Art von Partnerschaft durchaus gesellschaftliche Norm geworden. Es gibt eine Gesetzgebung, die das fördert, ebenfalls eine Medienwelt, die das fördert. Deshalb gibt es auch immer zahlreicher die Situation ältere Frau, jüngerer Mann. Das allerdings halte ich für Einzelfälle, eine vorübergehende und keine stabile Situation.

Beziehungen generell gehen eindeutig mehr in Richtung Gleichgewicht, nach dem Motto »halb zog sie ihn – halb sank er hin«. Und es ist so, dass die Frauen diejenigen sind, die es fordern, und die Männer diejenigen, die erkennen, das ist nicht ohne Vorteil für uns. Die Angst vor der starken Frau ist kleiner geworden. Eine weitere Rolle spielt sicherlich, dass ein Mann heute immer weniger in der Lage ist, eine Familie allein zu ernähren. Es ist dann auch einfach entlastend, wenn die Frau mit arbeitet. Zu Recht fordert sie natürlich dann auch Gleichberechtigung in der Partnerschaft.

**»Ich mag es, wenn meine Frau zu mir aufschaut.
Aber ich schaue auch zu ihr auf.
Wir schauen beide zueinander auf«**

Prof. Peter Eigen (67) ist der Ehemann von Prof. Gesine Schwan

Professor Gesine Schwan, Präsidentin der Viadrina-Universität in Frankfurt/Oder und Kandidatin zur Wahl des Bundespräsidenten, hatte ich bei einem Interview für mein letztes Buch »55+ – Die Kunst des Älterwerdens« kennen gelernt und es war eine der angenehmsten Begegnungen, die ich beruflich hatte. Nun für dieses Buch ihren Mann, Professor Peter Eigen, zu befragen, auf die Idee brachte mich Professor Simonis, der Mann von Heide Simonis. »Ein bemerkenswerter Mann«, hatte er gesagt und Recht behalten. Ich traf Peter Eigen in Berlin in seinem Büro bei »Transparency International«, einer Organisation, die sich weltweit die Korruptionsbekämpfung auf ihre Fahnen geschrieben hat. Professor Eigen ist Gründer und war bis vor kurzem Leiter dieser Nichtregierungsorganisation. Selten sprechen Männer so freimütig und offen über sich und ihr Privatleben.

Es ist wahr: Viele Menschen sehen mich mehr oder weniger als das Anhängsel meiner Frau an. Ich werde auf meine Frau angesprochen, man sagt mir, wie fantastisch sie sei. Aber ich habe damit überhaupt kein Problem – im Gegenteil: Je erfolgreicher Gesine ist und je glücklicher mit den Dingen, die sie betreibt, umso besser ist es für mich.

In früheren Zeiten war das Umgekehrte das Normale. Da gab es fast nur Frauen, die angesprochen wurden auf ihre wichtigen Männer. Inzwischen kommt es häufiger vor, dass die Frau im Vordergrund steht. Das gefällt mir.

Beruflich bin ich immer noch viel auf Reisen. Allein in den letzten zwei Wochen war ich in China, Indien, Zürich und Washington D.C. Auch meine Frau ist viel unterwegs. Wenn sie Bundespräsidentin geworden wäre, hätte ich allerdings noch häufiger auf ihre Gesellschaft verzichten müssen als jetzt und hätte mich auch an manchen Terminen, die sie zu absolvieren gehabt hätte, beteiligen müssen. Das hätte ich gern getan, genauso, wie sie sich gern beteiligt, wenn ich Termine wahrnehmen muss.

Prof. Peter Eigen

Für den Fall ihrer Wahl zur Bundespräsidentin hatten wir besprochen, dass ich meine berufliche Ziele dennoch weiter verfolge, so, wie ich das jetzt tue. Das war für meine Frau fast wichtiger als für mich, weil sie es ungerecht findet, dass in der Regel Frauen sich zurücknehmen, ihre Berufswünsche zurückstellen und sich anpassen, wenn ihre Ehemänner große Karrieren machen und in wichtige Ämter geraten.

Wobei ich von der Frau des jetzigen Bundespräsidenten Horst Köhler den Eindruck habe, dass sie sehr selbstbewusst ist, ihren eigenen Willen hat und es ihr auch Spaß macht, mit ihrem Mann, der ein so hohes Amt bekleidet, die Dinge aktiv mitzugestalten.

Gesine Schwan ist eine berühmte Professorin, und wenn montags morgens der Fahrer kommt und sie von Berlin, wo wir leben, zur Viadrina Universität in Frankfurt/Oder bringt, dann hat sie ihre Papiere unterm Arm, an denen sie am Wochenende gearbeitet hat, und das tut sie auch während der Fahrt zur Uni, wo sie von den Leuten erwartet wird, mit denen sie Termine hat, oder Vorträge und Vorlesungen hält.

Natürlich ist sie eine Frau, die im Licht der Öffentlichkeit steht. Vor allem, wenn sie in ihrem Bereich arbeitet und ich dabei anwesend bin, dann bin ich einfach ihre Begleitung. In der Wahlnacht sind wir beispielsweise ins Willy-Brandt-Haus gegangen. Ich alleine hätte mich ans Ende einer langen Schlange einreihen müssen, um mit den Genossen ein Bierchen zu trinken. In ihrer Gesellschaft wurde ich hingegen gleich an allen vorbei in einen Aufzug hinein komplimentiert und ins Zimmer von Gerhard Schröder hinaufgebracht, wo er mit einigen Freunden zusammensaß. Wir haben uns dazugesetzt, bekamen ein paar Buletten angeboten und schauten uns mit den andern zusammen die Ergebnisse im Fernsehen an. Da war ich ganz klar das Anhängsel von Gesine, obwohl ich durchaus das Gefühl hatte, dass auch ich mit Sympathie und einer gewissen Hochachtung behandelt wurde.

Ich sehe das als symbiotische Angelegenheit an, die meiner Arbeit bei Transparency International wieder zugute kommt. Wenn ich von Sabine Christiansen gefragt werde, ob ich mich dazu in ihrer Sendung äußern möchte, ist das für mich eine wichtige Plattform. Ich bin sicher, dass ich jetzt, wo ich mit Gesine Schwan verheiratet bin, zu manchen Dingen eingeladen werde, zu denen ich früher nicht eingeladen wurde.

Aber auch umgekehrt ist es so. Wir fahren jetzt nach Davos zum Weltwirtschaftsgipfel, wo ich auch ein gern gesehener Redner bin, und sie ist da als meine Ehefrau eingetragen. Ich bin aber sicher, wenn wir dort auftauchen und gesehen werden, dass die meisten Leute, aus Deutschland und Europa, die sie kennen, mit ihr sprechen wollen. Meine Frau legt immer sehr großen Wert darauf, dass ich genauso beachtet werde wie sie.

Allerdings ist es auch so, dass über mein Thema, die Korruptionsbekämpfung, viele Menschen gern reden, und ich muss schon seit Jahren aufpassen, dass ich das Gespräch bei gesellschaftlichen Veranstaltungen damit nicht monopolisiere.

Meine verstorbene Frau hat sich darüber immer lustig gemacht. Sie wusste, dass sich um mich leicht ein Kreis von Leuten bildet. Sie hat meine Arbeit zwar unterstützt, hat aber auch gesehen, dass ich ein bisschen einseitig geworden bin. Dass ich nicht mehr über Theater gesprochen habe, über Musik oder über Sport, sondern immer nur über Korruption.

Meine erste Frau hatte drei Dinge, die ihr Leben bestimmten: ihre Musik – sie war ausgebildete Pianistin, Komponistin und promovierte Musikwissenschaftlerin. Sie hat Musik an der Universität unterrichtet. Sie war zweitens Ärztin, hat sehr viel in Arme-Leute-Kliniken gearbeitet bei den Obdachlosen. Wenn wir in Afrika waren, war sie jeden Tag unterwegs in Krankenhäusern, wo sie von morgens bis abends als Ärztin gewirkt hat. Und sie war drittens sehr für unsere Familie da.

Wir hatten ein etwas altmodisches System. Sie hatte ihren Dr. med. zwar eher als ich meinen Dr. jur. Ich war noch in der Referendarzeit, als ich das verlockende Angebot bekam, mich zu habilitieren. Dafür sollte ich nach Washington gehen, wo ich ein wissenschaftliches Stipendium erhielt. Da hat sie nicht gezögert und gesagt, ich möchte erst meine Medizin abschließen. Unsere Tochter Johanna war gerade geboren.

Meine Frau sagte, ich freue mich, wenn ich zu Hause bleiben kann, und du musst das Geld ranschaffen. Sie hat das mit ihrer beruflichen Tätigkeit verbinden können, auch als wir dann noch unsere Söhne Christian und Tobias bekamen. Sie war zu Hause, hat viel am Klavier gesessen und hat in Amerika Konzerte gegeben.

Sie hat nie Geld verdienen müssen. Sie konnte ihre Musik machen, als Arme-Leute-Ärztin arbeiten und als Mutter und Hausfrau zu Hause sein. Sie war damit sehr glücklich. Insofern denke ich, dass die Rollenverteilung eher altmodisch war und ich früher dann doch sehr stark meinen beruflichen Interessen nachgegangen bin. Ich hatte wenig Anteil an Haushalt und Familie.

Ich kam abends sehr spät nach Hause, habe auch am Wochenende gearbeitet und meine Kinder fanden, dass ich nicht genug zur Verfügung stand. Sie sind heute viel rigoroser für ihre Familien da, als ich das war.

Meine Tochter war sehr erfolgreich, sie war Vize-Präsidentin der Chase Manhattan Bank und hat, als sie Kinder bekam, Mutterschaftsurlaub genommen und ist seitdem nicht in ihren Beruf zurück gekehrt. Ähnlich sind meine Söhne. Mein älterer Sohn hat vier Kinder, seine Frau ist Lehrerin, die haben sich anfangs den Job 50/50 geteilt.

Ich hatte mit meiner Frau Jutta allerdings das System vereinbart, dass wir abwechselnd bestimmen konnten, wo wir wohnen wollten. Am Anfang hat sie sich untergeordnet, weil ich mich mit meiner Arbeit bei der Weltbank etablieren sollte.

Dann bekamen wir eine Anfrage, ob wir nach Botswana gehen wollten, wo sie als Ärztin hätte arbeiten können. Da hat sie darauf bestanden, dass wir das machen. Das war für mich auch nicht schädlich. Wir haben jahrelang in Botswana gelebt. Als Nächstes wollte ich wieder nach Washington zurück, um meine Karriere bei der Weltbank weiter zu verfolgen. Damit war sie dann auch einverstanden. Wir haben ein Haus in Washington gekauft. Sie hat dort ihren Magister in Musik gemacht.

Dann bekam sie die Benachrichtigung, dass sie ihre Medizinalassistentenzeit in Deutschland beenden musste, weil die Anerkennung ihrer medizinischen Ausbildung sonst hinfällig geworden wäre. Wir sind also nach Deutschland gegangen, und ich bekam eine Gastprofessur in Frankfurt. So ging es immer hin und her. Schließlich sind wir nach Kenia gegangen, obwohl Kenia mir nicht sonderlich passte. Aber sie konnte da wieder voll als Ärztin arbeiten.

Meine erste Frau war weniger angepasst als ich. Sie ist ihrem inneren Kompass gefolgt und hat sich sehr über die Korruption in meiner Weltbankarbeit aufgeregt; zum Beispiel darüber, dass über ein Strukturanpassungsprogramm in der Weltbank die Armut gar nicht erreicht wurde. Sie war für mich eine wichtige Autorität und hatte immer sehr viel Einfluss auf meine Entscheidungen.

Bei meiner jetzigen Frau ist zu ihrer beruflichen Karriere noch die Prominenz hinzugekommen. Momentan haben wir viele gemeinsame Pläne. Jetzt, wo ich den Vorsitz bei Transparency International niedergelegt habe, möchte ich wieder mehr wissenschaftlich arbeiten. Pikanterweise unterrichte ich an der Berliner Freien Universität, wo meine Frau vor Jahren Dekanin war; auch ihr verstorbener Ehemann war dort Dekan gewesen, wo man ihm in der 68er Krise drohte, ihn aus dem Fenster zu werfen.

Die Universität ist wohl Gesines Welt. Sie kann mir da sehr viel helfen, mir Ratschläge geben, wenn ich für mich ungewohnte Dinge machen muss, Seminare oder Vorlesungen gestalten oder Prüfungen abnehmen. Da ist sie meine Lehrerin und mein Coach. Ich kann das gut annehmen, finde das wunderbar.

Als es darum ging, sie zu heiraten, habe ich mit ihrem Bruder nach afrikanischer Sitte gefeilscht um den Brautpreis, den ich für sie bezahlen muss. In Afrika geht es ja um Kühe und Ziegen. Deshalb der stehende Witz bei uns, dass ich noch mal eine Kuh drauflege, wenn sie dieses oder jenes für mich machen kann, oder eine Ziege abziehe, weil sie immer im Schach verliert. Dann lege ich noch mal eine Ziege drauf, weil sie mich im Pingpong schlägt. Im Grunde ist es so, dass ich in Kühen und Ziegen messe, was sie mir für dolle Sachen anbieten kann, die oft sehr praktisch und nützlich sind.

Davon abgesehen ist sie eine fantastische Köchin und wunderbare Gastgeberin. Sie freut sich über jeden Gast und innerhalb von Minuten steht ein wunderbares Essen auf dem Tisch. Ich bin also immer bereit, noch ein paar Kühe oder Ziegen draufzulegen.

Ich spiele nicht die klassische Männerrolle, woran ich absolut nichts Negatives sehen kann. Das liegt sicherlich auch daran, dass ich ein ziemlich selbstbewusster Kerl bin. Als Teenager hatte ich schon das Gefühl, dass ich aufpassen muss, dass ich meine Mitmenschen mit meinem Auftreten nicht einschüchtere. So ging es mir mein ganzes Leben, auch als ich bei der Weltbank arbeitete. Ähnlich ergeht es übrigens meiner Frau: Sie achtet immer darauf, dass ich mich nicht in den Schatten gestellt fühle.

Meine Eltern haben eher die traditionellen Rollenbilder gelebt. Meine Mutter war Gymnastiklehrerin und hat noch eine Ausbildung als Malerin auf der Kunstschule angefangen. Sie war eine Frau, die ihr ganzes Leben lang Initiativen ergriffen hat, zum Beispiel Vorträge gehalten oder, als mein Vater in Kriegsgefangenschaft war, mit Gymnastikstunden Geld verdient hat. Später, als mein Vater wieder zu Hause war und als Manager eine große Fabrik geleitet hat, organisierte meine Mutter Kinderaufführungen. Sie hätte es gerne gesehen, wenn ich Schauspieler geworden oder sonst ans Theater gegangen wäre.

Ich war beispielsweise Mitglied der Erlanger Studiobühne und habe in einer Claus-Peymann-Inszenierung 1964 bei einem internationalen Theaterfestival in Warschau den ersten Preis gewonnen. Ich hab mich immer gern künstlerisch betätigt, hatte mal eine Jazz-Band, habe in Erlangen einen Jazzkeller aufgemacht, den es immer noch gibt. Ich spiele auch jetzt noch ziemlich viel klassische Musik. Wie damals mit meiner verstorbenen Frau. Ich hatte die Musik aber immer lieber als Hobby, nicht als Beruf. Sicher auch, weil ich einfach nicht gut genug war, ich wäre nie ein großer Star geworden. Ich war zwar der »Kleinstadtkönig des Jazz« in Erlangen, wie meine verstorbene Frau Jutta oft ironisch anmerkte, war aber nicht so gut, dass ich damit hätte meinen Lebensunterhalt verdienen können.

Bei Gesine und mir ist es so, dass wir uns gegenseitig sehr hochschätzen. Leichte Anpassungsschwierigkeiten nehmen wir mit viel Humor. Sie hat bestimmte Angewohnheiten aus der Zeit, in der sie allein war. Vielleicht auch aus ihrer ersten Ehe. Ihr Mann war nicht sehr praktisch veranlagt. Wenn etwas zu reparieren war, hat sie das gemacht. Das muss sie sich bei mir ein bisschen abgewöhnen, weil ich das gerne selbst mache.

Manchmal steht sie bereits auf dem Stuhl und hängt die Gardine ab. Ich bin es gewohnt, dass diese »schweren Sachen« meine Domäne sind. Das wird bei uns aber mit viel Lachen entdeckt und überwunden. Wir haben da keinerlei Egoprobleme. Es kann ja auch ein Vergnügen sein, zu sehen, wie der andere ganz anders ist.

Ich kann mir durchaus Männer vorstellen, die sich gern unterordnen wollen, die eine Mutterfigur als Frau haben wollen. Obwohl ich mir dann wieder denke, dass ein Mann aggressiv wird, wenn er sich untergebuttert fühlt. Ich mag es, wenn meine Frau zu mir aufschaut. Aber ich schaue auch zu ihr auf. Wir schauen beide zueinander auf. Als ich jetzt verabschiedet wurde, da hatten wir einen fantastischen Abend mit wunderbaren Leuten aus aller Welt. Eine achtköpfige Band aus Afrika hat für mich gespielt. Ich hatte – nicht zufällig – mein Saxophon dabei und habe mitgespielt. Da war meine Frau völlig hingerissen. Umgekehrt, wenn die Viadrina ihren jährlichen Ball feiert und wir zusammen Walzer tanzen, dann schaue ich natürlich stolz auf sie, die dort wie eine Königin verehrt wird.

Stolz ist eigentlich in dem Zusammenhang kein schönes Wort. Ich bin einfach glücklich darüber, dass sie so viel geleistet hat und leistet. Dass sie so viel Sympathie ausstrahlt und gewinnt. Das ist eine Sache, die in unserer Gesellschaft fehlt. Wenn Gesine das so mit Leichtigkeit schafft, das ist einfach wunderbar. Ich bin darüber sehr froh.

Ich habe deshalb auch viele ihrer Ideen für meine Vorträge übernommen. Umgekehrt hat sie aber auch einiges von dem übernommen, was ich so mitgebracht habe. Beispielsweise meine internationalen Erfahrungen. Ich habe viele Freunde in aller Welt. Das findet sie faszinierend. Und die Erfahrungen, die ich als Gründer und Leiter einer Nichtregierungsorganisation gesammelt habe, findet auch eine Politikwissenschaftlerin hoch spannend. Sie sieht, dass darin eine große Zukunft liegt für eine globalisierte Wirtschaft in einer globalisierten Welt.

Unser Berufs- und Privatleben kann man gar nicht trennen. Das eine spielt in das andere hinein. Wenn es sich machen lässt, versuchen wir, gemeinsam zu reisen. Wir begleiten uns gegenseitig zu unseren Terminen und versuchen, diese zu koordinieren. Vor allem, wenn es darum geht, mit meinen Kindern zusammenzutreffen, die alle in Amerika leben. Die haben sehr nette Familien und acht Enkel zustande gebracht. Zu Weihnachten treffen wir uns seit Jahren alle in Österreich. Gesine ist immer dabei. Ihre beiden Kinder auch manchmal.

Generell gesehen finde ich, dass wir noch zu wenig Zeit miteinander verbringen. Unsere Reisen fallen bisweilen so, dass wir uns manchmal zwei Wochen überhaupt nicht sehen. Außerdem haben wir noch zwei Häuser; wir leben zwar bei mir, aber Gesine hat viele Bücher und andere Dinge in ihrem Haus und muss also oft dorthin. Ich will ihr auf keinen Fall das Gefühl geben, dass sie ihr Haus, das sie seit Jahrzehnten bewohnt und an dem sie sehr hängt, meinetwegen aufgeben muss.

Ich würde sagen, ich bin ein außergewöhnlich glücklicher Mann. Ich kenne sehr viele Menschen, die sehr viel mehr geleistet haben und disziplinierter gelebt haben als ich – ich war immer ein Hans

Dampf in allen Gassen. Aber ich fand mein Leben sehr interessant und angenehm, ich habe viel erlebt, habe die Musik, habe früher sehr viel Sport getrieben. Und in einem passt es mit Gesine wunderbar, nämlich darin, dass wir beide so selbstbewusst sind. Keiner fühlt sich in irgendeiner Weise in die Enge gedrängt.

Inzwischen bin ich 67 Jahre alt und wenn ich noch etwas anfangen würde, und es würde nicht gelingen, wäre es auch nicht schlimm. Dafür sind mir viele andere Dinge gelungen, und ich bin völlig entspannt, habe eine große Gelassenheit, die sich aber erst in den letzten Jahren eingestellt hat. Früher war ich getrieben. Ich bin sehr viel ruhiger geworden. Ich hänge auch sehr gerne mal an Gesines Rockzipfel und freue mich darüber, wenn sie glücklich ist. Das wäre mir früher nicht so leicht gefallen.

Ich bin flexibel geworden. Wir hatten uns fest vorgenommen, zwei Wochen in Frankreich Ferien zu machen. Und da kam eine plötzliche Anfrage an Gesine dazwischen, ob sie nicht schnell in Hamburg eine Rede halten könnte. Und wenn sie sowieso nach Hamburg fliegt, ob sie nicht in Frankfurt/Oder vorbeikommen kann. Und schon waren die zwei Wochen fast halbiert. So etwas lassen wir auf uns zukommen.

Aus dem Hamburg-Termin haben wir kurzerhand eine gemeinsame Reise gemacht, haben in einem tollen Hotel gewohnt und das genossen. Mit Freunden auf dem Balkon gefrühstückt, Spaziergänge an der Alster entlang unternommen. Wir feiern unser Leben, wie es kommt.

Nachwort

Nachdem ich die Interviews zusammen hatte, stieß ich auf einen Satz der italienischen Schauspielerin Anna Magnani (1908–1973), der immer noch gern zitiert wird: »Der ideale Mann: der Mann, von dem alle Frauen träumen und den keine kennt«.

Ein Satz, der jahrzehntelang die Meinung von Frauen über Männer widerspiegelte. Solche Zitate fand ich auch haufenweise in einem Buch »Männer!«, das ich einmal begeistert gelesen hatte. Beispielsweise: »Lebengefährte ist ein Wort, das sich von Lebensgefahr ableitet.« Oder: »Frauen konnten Männer schon immer gut leiden – und gut leiden konnten sie nur mit ihnen.« Ich selbst habe vor vielen Jahren als Motto vor meinen ersten Roman »Wenn die Liebe hinfällt« gestellt: »Männer sind wie Zwiebeln. Man pellt Schale für Schale und was übrig bleibt, ist zum Heulen.«

Die gesamte »Frauenliteratur« stützte sich auf dieses Männerbild und kreiste um die Fragen, ob Männer mehr an Haushalt und Kindererziehung beteiligt werden sollen, warum sie nur das eine wollen und klagten: »Du kannst mich einfach nicht verstehen.« Fazit: »Neue Männer braucht das Land.« Folge: Beziehungsk(r)ämpfe, Scheidungswellen, Versingelung.

Erklärungsversuche gab es in Titeln wie: »Die Angst des Mannes vor der starken Frau« von Wilhelm Johnen oder »Männer lassen lieben« von dem inzwischen verstorbenen Wilfried Wieck. Der Trendforscher Matthias Horx schrieb vom »postemanzipativen Stress« der Männer, der im Wesentlichen auf dem Selbstbewusstsein der Frauen basiere. Und John Gray brachte es auf den Punkt: »Männer

sind vom Mars, Frauen von der Venus« – ein Buch voller Erklärungsversuche und Verbesserungsvorschläge für den ewigen Kampf der
Geschlechter.

In meinem Buch: »Nimm die Männer, wie sie sind, es gibt keine
anderen« bin ich der Frage nachgegangen, warum gerade selbstbewusste, erfolgreiche und gutaussehende Frauen um die 40 so große
Schwierigkeiten haben, einen zu ihnen passenden Mann zu finden.
Ich fand mit meiner Freundin und Mitautorin, der Hamburger Psy-
chologin Bärbel Raulf, folgende Erklärung: Die Messlatte von
Frauen ist unrealistisch und hängt zu hoch.

Viele schwimmen derart in der Brühe der Männerfeindlichkeit,
dass sie Männer, mit denen sie ihre Vorstellungen durchaus verwirklichen könnten, nicht sehen. Sie stehen sich selbst im Weg. Schon
die französische Autorin Simone de Beauvoir (1908–1986), eine
sehr kämpferische Frau, hat gesagt: »Ich gebe zu, dass auch Frauen
komisch sind. Gott der Allmächtige hat sie so gemacht, damit sie zu
den Männern passen.«

Einige Männer und Frauen haben dazugelernt. Wilhelm Johnen,
der in meinem Buch auch zu Wort kommt, sagt: »Über die Angst
des Mannes vor der starken Frau würde ich heute nicht mehr so
schreiben.« Natürlich gibt es sie noch, die Männer, die es nicht ertragen können, dass ihre Frau beruflich auf Augenhöhe ist oder gar
an ihnen vorbeizieht. Aber sie werden weniger.

Ohne plakativ auf neue Theorien zu verweisen, wie Männer
sind oder sein sollen, gibt es heute die Männer, die nicht nur eine
starke erfolgreiche Frau an ihrer Seite haben, sondern die sogar
sagen: »Mit einem Hausmütterchen könnte ich nichts anfangen.«
Diese Haltung beschränkt sich nicht auf eine neue und junge
Männergeneration. Ich habe Männer jeden Alters interviewt und
gerade auch ältere Männer gefunden, die eine selbstbewusste erfolgreiche Frau haben wollen. Die ihr Selbstwertgefühl nicht aus
einem geistigen Gefälle gegenüber ihrer Partnerin beziehen möchten.

Viele Männer haben eine selbstbewusste und selbständige Mutter erlebt. Andere haben Erfahrungen gemacht in Beziehungen, wo die alte Rollenteilung vorherrschte: Er geht raus, sie sorgt für Haus und Kinder – und sie sind nicht glücklich damit geworden.

Ich habe Gespräche mit Männern geführt, die sagten: »Meine erste Frau war Hausfrau und Mutter, meine jetzige macht Karriere.« Und auf die Frage, mit welchem Modell sie besser zurecht kommen, ist die Antwort häufig: »Eine Karrierefrau hat viele Vorteile.« Klar, denn sie trägt die Verantwortung der materiellen Versorgung mit, die heute nur noch von einem Teil der Männer allein für die Familie geleistet werden kann.

In diesem Buch habe ich bewusst Männer prominenter Frauen befragt, weil sie mehr oder weniger ebenfalls bekannt sind und dadurch Vorbildfunktion haben. Aber in meinem privaten Bekanntenkreis gibt es inzwischen ebenso genug Männer, die stolz auf den beruflichen Erfolg ihrer Partnerinnen sind.

Nicht nur wegen der demografischen Entwicklung, durch die wir uns nicht leisten können, das Potenzial gut ausgebildeter Frauen hinterm Herd verkommen zu lassen, ist hier von politischer Seite noch viel zu tun. Nämlich in Fragen der Kinderbetreuung. Der in diesem Buch zu Wort kommende Psychologe Andreas Goosses sagt zu Recht: »Heute sind viele Männer schon weiter als manche Politikmodelle, wo immer noch vom Alleinverdiener ausgegangen wird. Bei vielen Politikmodellen steht einfach die klassische Kleinfamilie im Mittelpunkt und es ist nicht nachvollziehbar, wie zäh das immer wieder weiter getragen wird. Da sind andere Rollenmuster einfach unterstützenswert.«

Die Männer, die ich interviewt habe, haben ihre Rolle durchaus reflektiert und sind selbstbewusst genug zu sagen: Wir leben unsere Partnerschaft oder auch Elternschaft anders als andere. Dazu brauchen sie sicherlich eine innere Stärke, ebenso wie ihre Frauen, die sich als Mütter ja immer noch Rabenmütter schimpfen lassen müssen, wie manches Beispiel zeigt.

In Deutschland müssen Paare nämlich andere als die herkömmlichen Rollenmodelle individuell und aus eigener Kraft verwirklichen, weil es eben kaum Betriebskindergärten, wenig Ganztagsbetreuung und auch keine Akzeptanz dafür gibt, dass Müttern ihre Karriere genauso wichtig ist wie ihre Kinder und ihre Familie.

Da sind die Männer wie die Frauen gefragt. Männer wie die, die ich interviewt habe, und Frauen, die – und das tun sie mehr und mehr – den weiblichen Gehorsam und die herkömmliche weibliche Rolle verweigern und sich sagen: Und trotzdem will ich eine glückliche Partnerschaft. Denn wie man sieht: Es geht!